RÉPUBLIQUE FRANÇAISE
Liberté — Égalité — Fraternité

DÉPARTEMENT DE LA SEINE

DIRECTION DES AFFAIRES DÉPARTEMENTALES

ÉTAT DES COMMUNES

A LA FIN DU XIXe SIÈCLE

publié sous les auspices du Conseil Général

FRESNES

NOTICE HISTORIQUE

ET

RENSEIGNEMENTS ADMINISTRATIFS

MONTÉVRAIN
IMPRIMERIE TYPOGRAPHIQUE DE L'ÉCOLE D'ALEMBERT
1897

FRESNES

MONOGRAPHIES

En vente :

ÉPINAY	DUGNY
PIERREFITTE	ANTONY
STAINS	LE BOURGET
VILLETANEUSE	FRESNES
ORLY	

Sous presse :

RUNGIS	THIAIS

En préparation :

LA COURNEUVE	DRANCY

RÉPUBLIQUE FRANÇAISE
Liberté — Égalité — Fraternité

DÉPARTEMENT DE LA SEINE

DIRECTION DES AFFAIRES DÉPARTEMENTALES

ÉTAT DES COMMUNES

A LA FIN DU XIXe SIÈCLE

publié sous les auspices du Conseil Général

FRESNES

NOTICE HISTORIQUE
ET
RENSEIGNEMENTS ADMINISTRATIFS

MONTÉVRAIN
IMPRIMERIE TYPOGRAPHIQUE DE L'ÉCOLE D'ALEMBERT

1897

NOTICE HISTORIQUE

FRESNES[1]

Anciennement, communauté de la Généralité et de l'Élection de Paris, subdélégation de Choisy-le-Roi; paroisse du doyenné de Montlhéry.

De 1787 à 1790, paroisse du département de Corbeil, arrondissement de Longjumeau.

De 1790 à l'an IX, commune du district de Bourg-la-Reine (supprimé en l'an III), et du canton de Choisy-le-Roi.

A partir de l'an IX, commune de l'arrondissement de Sceaux et du canton de Villejuif, maintenue à ce canton par la loi du 12 avril 1893.

1. Il y a en France un si grand nombre de localités qui portent le nom de Fresnes ou Fresne, ou des vocables similaires, tels que le Fresne, les Fresnes, la Fresnaye, le Fresnoy, le Fresnay, Fréneuse, etc., que nous ne saurions les énumérer ici. A ce nom, pour la plupart d'entre elles, s'ajoute un surnom, déterminé par une circonstance locale et ayant pour objet d'éviter les confusions.

C'est pour cette raison qu'un usage ancien, suivi par le *Dictionnaire des Postes* et par presque tous les géographes et cartographes, désignait la commune dont nous traitons, sous le nom de « Fresnes-lès-Rungis »; mais son Conseil municipal, consulté à ce sujet par le Préfet de la Seine, le 9 décembre 1895, a délibéré, le 29 février 1896, qu'il y avait lieu de désigner la commune à l'avenir sous le nom de Fresnes.

La raison alléguée par la municipalité était que ce surnom, lès-Rungis, semblait indiquer une dépendance, une subordination non justifiée par les faits, ni par le chiffre des deux populations.

Nous n'avons pas, d'ailleurs, rencontré son emploi avant le XVIIIe siècle;

I. — FAITS HISTORIQUES

Parmi les communes de la Seine, Fresnes appartient à la catégorie, chaque jour plus restreinte, de celles où la vie agricole, les mœurs champêtres règnent à peu près sans mélange.

Si, d'autre part, on tente de classer ces communes au point de vue de la beauté du paysage, de l'agrément du site, Fresnes peut prétendre à l'une des meilleures places. De ses maisons, étagées sur le coteau de la rive droite de la Bièvre, se découvre, à l'ouest, un charmant panorama sur la vallée et les collines boisées de la rive gauche, couronnées par les bois de Verrières et de Plessis-Piquet. Du côté du midi, la colline, brusquement interrompue, surplombe un vallon non moins pittoresque, au fond duquel un massif de verdure, à droite, indique l'emplacement de l'ancien castel de Tourvoie, et dont le beau domaine de Montjean, et les hauteurs de Wissous en Seine-et-Oise, occupent le versant opposé.

Le nom même du lieu correspond à sa situation rustique. Il est dû au fait que jadis le sol y était couvert de frênes. Nous ne pensons pas, comme le suppose l'abbé Lebeuf, que ce soit parce qu'on y voyait un de ces arbres remarquable par sa grosseur; les localités qui ont reçu la même dénomination sont trop nombreuses pour que l'on puisse admettre cette hypothèse, tandis que la première offre toutes les chances de certitude.

La plus ancienne mention écrite de l'existence de Fresnes est du 21 février 1152. A cette date, le pape Eugène III signa une bulle énumérant et confirmant les possessions du prieuré de Longpont, voisin de Montlhéry; on y lit : « *in villis Iude et Fretnes, terciam*

les registres paroissiaux portent pour la première fois Fresnes-lès-Rungis en 1739; l'année suivante, la paroisse est désignée sous le nom de « Fresnes près Antony » ; puis, on retrouve Fresne-lès-Rungis jusqu'à la Révolution.

Les autres communes portant le nom de Fresnes (sans surnom) sont les suivantes: Fresnes, (Aisne, arrondissement de Château-Thierry, canton de Fère-en-Tardenois); Fresnes (Aisne, arrondissement de Laon, canton de Coucy-le-Château); Fresnes (Loir-et-Cher, arrondissement de Blois, canton de Contres); Fresnes (Marne, arrondissement de Reims, canton de Bourgogne); Fresnes (Nord, arrondissement de Valenciennes, canton de Condé-sur-l'Escaut); Fresnes (Seine-et-Marne, arrondissement de Meaux, canton de Claye); Fresnes (Somme, arrondissement de Péronne, canton de Chaulnes); Fresnes (Yonne, arrondissement de Tonnerre, canton de Noyers).

partem decimarum et tractum tercio anno » [1], c'est-à-dire : à Villejuif et à Fresnes, le tiers des dîmes, et, tous les trois ans, une dîme sur ces dîmes; c'est ainsi, en effet, qu'il faut entendre le mot *tractus*.

Dans cet acte, rédigé en latin, on a remarqué que le nom de Fresnes est écrit en français et présente une légère différence avec l'orthographe actuelle ; on le trouve plus souvent en latin dans les autres écrits du moyen âge où il figure ; la forme employée est alors *Fraxinus* ou *Fraxini*. Mentions bien peu fréquentes, d'ailleurs, et qui ne se rencontrent que dans le *Cartulaire de Notre-Dame de Paris*. C'est, en effet, la Cathédrale et son Chapitre qui, au moins dès le XIIIe siècle, possédaient la meilleure part de la seigneurie, peut-être par acquisition du prieuré de Longpont, — et le droit de nommer le curé de la paroisse.

A cette époque aussi appartient la mention d'un fief appelé Chamos, sur le territoire de Fresnes, et dont le nom même a disparu depuis longtemps. L'abbé Lebeuf l'a retrouvé dans le Cartulaire de l'évêché de Paris; il y est dit qu'Aubert, chevalier de Vitry, tient ce fief de l'Évêque, et lui en doit pour redevance un cheval.

Le XVe siècle nous fournit, pour la première fois, le nom d'un autre fief de la paroisse, appelé plus tard à une si grande célébrité, celui de Berny. Le 16 octobre 1422, Charles VI donne à son « amé et féal conseillier Jehan Sac, bourgeois de Paris » les biens d'Antony et de « Bernies » confisqués sur Alexandre le Boursier [2].

A qui passa la terre de Berny après ce Jean Sac? Les documents manquent pour nous l'apprendre. Il semble bien qu'au XVIe siècle la seigneurie de Fresnes était distincte de celle de Berny et ne se réunit à elle qu'au siècle suivant. En 1553, on trouve un René de Rochefort, chevalier, seigneur de Rochefort, Fresnes et autres lieux; il figure avec les mêmes titres dans un autre acte de 1565 (*Archives nationales*, S. 3555).

Peu après, en 1577, nous rencontrons l'acte de nomination de Guillaume le Flon comme greffier de la paroisse « pour escrire sous les asseeurs des tailles de la dite paroisse, coppier et tenir

1. *Cartulaire du prieuré de N. D. de Longpont, de l'ordre de Cluny, au diocèse de Paris*; Lyon, Perrin, 1880, in-8, p. 60.

2. *Paris sous la domination anglaise*. Documents publiés par M. A. Longnon pour la Société de l'Histoire de Paris et de l'Ile-de-France; 1878, in-8, pp. 62 et 63.

registre des rolles des tailles, taillon, etc. » *(Archives nat.* S. 3585).

Un acte du 25 novembre 1601 nomme Philippe de Cannaye, « seigneur de Fresnes et de Mothereau, conseiller du Roy en son Conseil d'Estat et privé, ambassadeur pour Sa Majesté à Venise ». Ce personnage fameux, qui a publié, en trois volumes in-folio, la relation de ses ambassades, mourut le 27 février 1610. Il fut inhumé dans l'église de Fresnes, où est encore conservée la dalle tumulaire qui recouvrait sa sépulture. Après lui, la terre de Fresnes appartint à son fils, nommé également Philippe de Cannaye.

Cependant, la seigneurie de Berny était possédée depuis cent ans environ par une famille de parlementaires. L'abbé Lebeuf a retrouvé le nom de Pierre Brulart, conseiller au Parlement, seigneur de Berny en 1535, puis de Pierre Brulart, son fils, président aux Enquêtes en 1544, et de Mathieu Brulart, fils de ce dernier. « Je trouve, ajoute-t-il, qu'en 1621, c'était Nicolas Baillard, marquis de Sillery, seigneur de Puisieux et chancelier de France, qui possèdoit cette terre ». Il y a là une erreur d'orthographe causée par un scribe et qui a abusé le savant historien du diocèse. En effet, plusieurs documents authentiques conservés aux Archives nationales (S. 3555) portent le nom de Nicolas Brulart, seigneur de Fresnes en 1623, et de Pierre Brulart « seigneur de Bergny et de Fresnes », en 1629.

Cette constatation a son importance. Il est maintenant permis d'affirmer que, vers 1520, les Brulart devinrent propriétaires de la terre de Fresnes, après Philippe de Cannaye, et la confondirent avec celle de Berny. A eux aussi revient le mérite d'avoir fait construire le premier château de Berny, que nous fait connaître une estampe de Claude de Châtillon, gravée vers 1610, et qui est certainement une œuvre de la fin du XVIe siècle. La légende de cette gravure est, d'ailleurs assez explicite : « Berni, maison de plaisance bastie nouvellement, avec son accès et païsage circonvoisin ».

Après les Brulart, Berny (et Fresnes sans doute) appartinrent à la famille de Bellièvre, qui fit reconstruire par Francois Mansart le château qu'avait gravé Châtillon. On en a une reproduction dans la Topographie de la France, de Zeiller, datée de 1655. Une autre planche, d'Israël, le décrit ainsi : « Berny, sur le chemin d'Orléans, appartenant à M. le Président de Bellièvre ; maison très considérée tant pour ses ornemens que pour les beautez singulières de ses canaux et fontaines, et la rareté des fruits qui croissent dans ses jardins ».

A plusieurs reprises, le président de Bellièvre réunit à Berny, en des conciliabules mystérieux, les principaux personnages de la Fronde. L'exact Dubuisson-Aubenay ne manque pas d'en faire mention dans son *Journal des guerres civiles* [1].

La seigneurie de Berny et Fresnes passa, par acte d'acquisition du 15 septembre 1653, à Hugues de Lionne, « chevalier, marquis de Berny, baron de Fresnes ». Les deux terres avaient donc été érigées depuis peu, l'une en marquisat, l'autre en baronnie. Par acte du 27 janvier 1666, le baron de Fresnes céda à la communauté des habitants six arpents de terrre en cinq pièces, par échange avec une pièce de pré entourée de fossés « devant l'oposite et face principalle du chasteau de Berny » (*Archives nat.*, S. 3555).

Hugues de Lionne mourut le 1er septembre 1671, après une brillante carrière d'homme d'État. Son fils lui succéda dans la possession des deux terres. Le 12 août 1675, il faisait vendre au Roi, moyennant 4.500 livres, soixante-dix orangers « provenant de Berny » [2].

L'année suivante, les ambassadeurs du roi de Siam logèrent quelques jours au château de Berny, avant leur entrée officielle à Paris. Les chroniqueurs du temps ont fourni de nombreuses relations de cette ambassade dont la visite prosternée devant Louis XIV a fait l'objet d'un tableau célèbre des galeries de Versailles.

Dix ans plus tard, en 1686, Fresnes et Berny étaient à vendre. La riche abbaye de Saint-Germain-des-Prés les acheta et fit du château de Berny la maison de campagne de ses abbés. On pourrait croire que, durant cette dernière période, qui va jusqu'à la Révolution, le paisible coin de vallée dont l'histoire nous a jusqu'ici donné si peu à glaner ait joui d'une paix plus grande encore par le fait de cette suzeraineté monacale. Il n'en est rien, et nous arrivons à l'époque la plus brillante de ses annales.

En 1737, Louis de Bourbon-Condé, comte de Clermont, prince du sang, devint abbé de Saint-Germain-des-Prés. Né en 1709, et bien que pourvu, dès 1718, de gros bénéfices ecclésiastiques, il fut avant tout un soldat des plus brillants dans les campagnes de Flandre qui marquèrent le milieu du règne de Louis XV, homme de goût, curieux des choses littéraires et artisti-

1. Publié par M. G. Saige pour la Société de l'Histoire de Paris et de l'Ile-de-France. Cf. t. I, p. 270 ; t. II, p. 145.

2. *Comptes des bâtiments du Roi*, publiés par M. J. Guiffrey dans la collection des Documents inédits de l'Histoire de France, t. I, p. 835.

ques, membre de l'Académie française, plus, il est vrai, par son rang qu'en raison de ses écrits, mais, par-dessus tout, amateur de plaisirs faciles et fastueux. Sa vie et son caractère ont été retracés avec les renseignements les plus curieux, par M. Jules Cousin d'abord, puis par Sainte-Beuve [1]; c'est dans leurs travaux qu'il faut chercher une étude définitive sur le personnage.

Nous n'avons ici à nous occuper de lui que comme seigneur de Fresnes, comme châtelain de Berny. Il eut pour cette dernière résidence une préférence marquée, et, pendant plus de trente ans, y vint passer tous les moments que le service de l'armée ou de la cour lui laissèrent libres. Cette prédilection avait une cause dont la nature est assez délicate à expliquer, surtout lorsqu'il s'agit d'un des hauts dignitaires de l'Église. A l'extrémité orientale du parc de Berny, au fond d'un gracieux vallon, était un castel appelé Tourvoie, dénomination due, sans aucun doute, à ce que le chemin qui y mène est tortueux, *torta via*. On sait qu'il appartenait en 1580 à Étienne Charles, président aux Enquêtes, mais l'on ignore la série de ses autres propriétaires. Le comte de Clermont l'acheta pour en faire don à sa maîtresse, Mlle Leduc, qui dansait à l'Opéra [2]. On se scandaliserait plus aujourd'hui qu'autrefois de la publicité d'une pareille liaison. Il est vrai de dire qu'elle était consacrée par sa notoriété même, et qu'un mariage secret fut, paraît-il, contracté entre le prince et la dame de Tourvoie. Les habitants de Fresnes auraient donc eu mauvaise grâce à s'en montrer choqués; ils ne pouvaient qu'y gagner; ils y gagnèrent, en effet. Une dame Lauval ayant fait, en 1745, un don en argent pour l'établissement de deux sœurs de charité dans la paroisse, Mlle Leduc voulut s'associer à cette œuvre, pour laquelle elle donna 1.600 livres et une maison.

Les archives de la commune conservent l'expédition de l'acte, daté du 25 janvier 1755, par lequel cette maison fut donnée à la communauté des habitants; il est indispensable de le reproduire ici:

1. Voy. à la Bibliographie, p. 31. — Il n'est que juste de rappeler ici que M. Jules Cousin est le savant conservateur honoraire du Musée Carnavalet, dépendant de la Préfecture de la Seine.

2. « Tourvoie, dit Collé, est un petit castel situé précisément au bout du parc de Berny. Mlle Leduc, maîtresse du comte de Clermont, l'a acheté soixante-dix milles livres, ou environ, l'a bien fait accommoder et bien meubler. C'est un bien qui rapporte deux mille quatre cents livres ou mille écus ».

Par devant les conseillers du Roy, nottaires à Paris soussignez, fut présente demoiselle Élizabeth-Claire Le Duc, fille majeure, dame de la terre et seigneurie de Tourvois, paroisse de Fresnes-lès-Rungis 1, demeurante à Paris, rue de Richelieu, paroisse Saint-Eustache, laquelle, pour concourir de sa part aux besoins de ladite paroisse de Fresnes, qui est extrêmement pauvre, a, par ces présentes, donné et donne par donnation entre vifs et irrévocable en la meilleure forme que donnation puisse valloir et avoir lieu, à ladite paroisse de Fresne et communauté des habitans dudit lieu, ce accepté, acquéreur pour elle par M. Laurent Fresneau, curé de ladite paroisse, François Louvet, sindic de ladite communauté, François Chaillou et Nicolas Bouché, à présent marguilliers en charge de ladite paroisse, demeurant tous audit Fresne, étant ce jour à Paris, à ce présens, au nom et comme autorisés à cet effet par la délibération des habitans de ladite paroisse composant ladite communauté, passée devant Champin, notaire à Fresnes, présens témoins, le cinq du présent mois de janvier,..... c'est à savoir une maison actuellement en masure et non habitée, contenant quatorze perches ou environ, sise à Fresnes, tenant par devant à la grande rue dudit village de Fresne, par derrière au jardin du sieur Denisot, d'un côté aux bâtimens de la basse-cour dudit sieur Denisot et d'autres aux héritiers Boulogne, — appartenant à ladite demoiselle Le Duc comme l'ayant acquise avec autres biens par contrat passé devant Roger, qui en a la minute, et son confrère, notaires à Paris, le vingt aoust mil sept cent cinquante, duement enregistré..... pour par ladite paroisse et communauté des habitans de Fresne en jouir, faire et disposer en toute propriété et comme chose leur appartenante et en commencer la jouissance de ce jour.

Cette donnation ainsy faitte à la charge desdits cens et redevances à compter de ce jour.

Plus, sous la condition que ladite maison-masure servira à toujours tenir les écoles de charité de filles de ladite paroisse de Fresnes, — et encore, que lors des réparations que les dits sieur curé et habitans pourront faire en ladite maison-masure, ils ne pourront disjoindre les bâtimens de ladite masure qui sont établis sur le caré de la maison dudit sieur Denisot, et de laisser subsister les égouts des toits desdits bâtimens dudit sieur Denisot comme ils se poursuivent et comportent, étant d'anciennes constructions, et les servitudes que ledit sieur Denisot peut avoir sur la maison et masure, et outre, parce que telle est la volonté de ladite demoiselle Le Duc d'ainsy la faire, dont et de ce que dessus lesdits sieurs curé, sindic, marguilliers et habitans remercient ladite demoiselle Le Duc.....

Fait et passé à Paris en la demeure de ladite demoiselle Le Duc susdite, le vingt cinq janvier 1755, et ont signé, excepté lesdits sieurs Chaillou et Bouché qui ont déclaré ne savoir écrire ny signer, de ce interpellez.....

Ce ne sont pas les seules libéralités dont la paroisse ait eu à bénéficier de la part de ces puissants voisins, qui semblaient vouloir faire oublier par leur dévotion le mystère de leur conduite. Dès 1749, ils avaient tenu à servir de parrain et de marraine à une

1. On remarquera que dans cet acte le nom de Fresnes, ici appelé Fresne-lès-Rungis, est orthographié tantôt *Fresne*, tantôt Fresnes.

des nouvelles cloches de l'église. Cette cloche existe encore aujourd'hui, avec l'inscription qui fut gravée alors :

AU MOIS DE NOVEMBRE 1749, J'AI ÉTÉ BÉNITE
PAR Mre LAURENT FRESNEAU, PRESTRE, CURÉ DE
CETTE PAROISSE, ET NOMMÉE LOUISE ÉLIZABETH
PAR TRÈS HAULT, TRÈS PUISSANT ET TRÈS EXCELLENT
PRINCE MONSEIGNEUR LOUIS DE BOURBON, COMTE
DE CLERMONT, PRINCE DU SANG, ABBÉ COMMANDA-
TAIRE DE L'ABBAYE ROYALE DE ST-GERMAIN-DES-PRÉS
LÈS PARIS, ET EN CETTE QUALITÉ SEIGNEUR DE CE
LIEU, ET PAR ÉLISABETH-CLAIRE LE DUC, DAME DU
CHATEAU ET SEIGNEURIE DE TOURVOIS.
JACQUES HAVARY ET PIERRE CHAILLOUX, MARG.
NICOLAS-JOSEPH GUILLAUME, RECEVEUR ET PROCUREUR
FISCAL DE CETTE SEIGNEURIE.
L. GAUDIVEAU ET SES FILS M'ONT FAITE.

Les registres paroissiaux portent à plusieurs reprises la signature de Louis de Bourbon et d'Élisabeth Leduc, comme parrain et marraine d'enfants de Fresnes, dont les parents appartenaient à la maison du prince : le 25 mars 1754, baptême de Marie-Louise-Élisabeth, fille de Firmin Gourdin, valet de chambre du comte de Bourbon ; le 31 mars suivant, baptême de Louis-Élisabeth, fils de Louis-Charles Marchais, lieutenant du château et des chasses du comte de Clermont.

Dans la chapelle du château de Berny fut célébré, le 14 janvier 1755, le mariage de « Paul Dufour, chirurgien du comte de Clermont, chirurgien-major des Gardes-Françaises, âgé de trente-huit ans, avec Élisabeth-Françoise Laujon, âgée de dix-huit ans, fille de Pierre Laujon, intendant des maisons et finances du prince Louis de Bourbon ».

Cette brillante époque prit fin avec la mort du comte de Clermont, qui survint le 7 juin 1771. Son successeur à l'abbaye de Saint-Germain-des-Prés n'était pas de la même humeur que lui; puis, la Révolution éclata, et Berny fut vendu comme bien ecclésiastique. De cette fastueuse résidence il ne reste plus aujourd'hui qu'une aile transformée en moulin ; le parc a été morcelé, et la plus grande partie de son terrain est devenue le haras de Berny.

Après la mort de Mlle Leduc, la terre de Tourvoie fut acquise par M. Dideron, docteur en médecine de la Faculté de Paris. Elle passa ensuite à la famille Darblay, qui en est encore actuellement propriétaire, mais sans l'occuper. Une fabrique de colle y avait été installée en 1826; elle a été remplacée par une fabrique de ciment. Les anciens du pays se rappellent encore avoir vu le petit château avec ses deux tourelles et le fossé qui l'entourait. Dans ce fossé rempli d'eau s'était noyée accidentellement, le 10 mars 1772, une femme du pays, Catherine Reverd, en y allant laver son linge. Le constat de cette mort violente, fait par le bailli de la justice de Tourvoie, est conservé dans les archives municipales de Fresnes [1].

La communauté des habitants de Fresnes devint, en 1787, une municipalité du département de Corbeil et de l'arrondissement de Longjumeau, lors de l'essai d'organisation administrative imaginé par Necker. Nous avons pas d'autres renseignements sur ce que fit alors cette municipalité que le cahier de doléances aux États généraux rédigé par elle en 1789, et qui a été publié au tome IV (p. 570-571) des *Archives parlementaires*.

1. Il nous sera permis de citer ici la page charmante dans laquelle M. Jules Cousin a relaté la visite qu'il avait faite à Tourvoie en 1867 :

« Ces belles prairies de Tourvoie existent encore, plus verdoyantes et plus luxuriantes que jamais. Aujourd'hui, comme alors, l'aspect en est ravissant et justifie, on ne peut mieux, la mise en scène imaginée par le comte de Clermont. On reconnaît les saules, les ruisseaux qui serpentent dans l'émail des fleurs, et il ne faudrait pas désespérer d'y rencontrer la bergère et ses vaches. Nous avons traversé cette fraîche vallée, venant de visiter les ruines de Berny; nous avons retrouvé, à moitié effondrés et cachés sous les hautes herbes, les ponceaux qui établissaient autrefois une communication directe et facile entre les deux résidences.

« Ainsi nous avons pu suivre, pas à pas, le chemin que parcourait le prince pour se rendre chez sa maîtresse.

« Le petit castel de Tourvoie est encore debout au milieu de son enclos à peu près intact; il a conservé ses pièces d'eau et même sa tourelle pigeonnière, mais une haute cheminée empanachée de fumée annonce au loin que l'industrie a pris possession de ce domaine. Une briqueterie à vapeur y est établie. Des deux grilles du parc, encore solides, l'une s'ouvre du côté de Berny; elle est ornée pour le moment de ce singulier écriteau : « Défense de pénétrer dans cette propriété, sous quelque prétexte que ce soit ». Elle était jadis moins revêche ; c'est par là que Mlle Le Duc se rendait au château et recevait son amant. L'autre donne sur le chemin de Fresnes, à quelques pas du village; c'est par là que la dame de Tourvoie se rendait à sa paroisse et recevait son curé, le charitable M. Fresneau. »

Les choses ont encore changé en trente ans; le petit castel a disparu; ses grilles aussi, et avec elles l'inscription si rébarbative que l'on vient de lire ; mais le carrefour des deux routes existera sans doute longtemps, avec son aspect d'autrefois, et peut suffire à faire naître des réflexions philosophiques sur une époque de mœurs si différentes du temps présent.

Voici le texte de cet important document :

Les habitants de la paroisse de Fresnes-lès-Rungis, pénétrés d'un très profond respect pour les ordres de S. M. et de M. le prévôt de la ville, prévoté et vicomté de Paris, s'étant en conséquence tous assemblés de la manière qui leur est prescrite, ont l'honneur de proposer leurs doléances, plaintes et remontrances ainsi qu'il suit :

Article premier. — Ils désirent que les droits de la nation soient fixés d'une manière irrévocable.

Art. 2. — Que les impôts soient déterminés et arrêtés par les États généraux jusqu'à la convocation de leur assemblée, de dix ans en dix ans au moins, pour les renouveler et remédier aux abus de l'administration qui pourraient s'y introduire.

Art. 3. — Que tous les privilèges pécuniaires soient supprimés et que chacun dans les trois ordres supporte les charges publiques à proportion de ses revenus, pour subvenir aux besoins pressants et constatés de l'État.

Art. 4. — Qu'il soit établi des États provinciaux qui seront tenus de répartir les impôts fixés pour la province relativement aux productions de toutes les terres, au commerce et métiers, et de les faire passer aux coffres du Roi par les messageries ou autrement, sans frais.

Art. 5. — Que les municipalités des paroisses, toujours électives, surveillent seules la répartition et le recouvrement de toutes leurs impositions, et soient autorisées pour se mettre à l'abri d'en répondre, à agir par des voies juridiques contre les délinquants, et que les impositions ne tombent point sur la communauté, l'an suivant, pour perte ou accident de particulier.

Art. 6. — Que les tribunaux d'exception, comme bois et forêts, aides et gabelles, soient supprimés ; le sel et le tabac rendus marchands et la vente des vins exempte de droits, et que les ministres des finances soient tenus de rendre compte de leur gestion, tous les ans, à des commissaires choisis parmi les membres des États généraux.

Art. 7. — Que les réparations des églises, presbytères, maisons de maîtres d'école et sœurs de charité soient aux dépens des biens ecclésiastiques, et, pour cet objet, que l'on prélève sur les abbayes, prieurés simples et mis en économat, un an dès qu'ils seront vacants, les sommes convenables.

Art. 8. — Que la corvée ou la prestation de la corvée en argent soit abolie, et les troupes employées en temps de paix au rétablissement et confection des grandes routes d'après une paye convenable et des règlements de discipline militaire relatifs.

Art. 9. — Que la levée des milices soit abolie ou remplacée par substitution de soldats libres, pour la tranquillité des familles et la liberté personnelle, et que les brigades des maréchaussées soient multipliées et obligées à des visites fréquentes dans les paroisses, pour la sûreté des citoyens.

Art. 10. — Qu'il y ait des moyens désignés et établis dans chaque paroisse pour détruire la mendicité.

Art. 11. — Que le contrôle soit fixé, comme dans l'origine, pour donner l'authenticité aux actes, et que ses droits exorbitants et onéreux soient supprimés en classant dans une forme contraire au tarif actuel les droits dans une progression modique jusqu'à 10.000 livres, comme frappant sur la classe la plus indigente, et leur donnant un prix déterminé au-dessus de 10.000 livres, comme frappant sur les classes les plus fortunées.

Art. 12. — Qu'il soit pourvu à une forme plus simple et plus expéditive des codes civil et criminel.

Art. 13. — Qu'on établisse des peines corporelles contre les banqueroutiers frauduleux ou dissipateurs, et que les lettres de surséance ne puissent s'obtenir sans une sentence contradictoire.

Art. 14. — Que les nouveaux bénéficiers soient tenus de conserver les baux de leurs prédécesseurs, pour favoriser l'amélioration de l'agriculture et l'assurance des fermiers.

Art 15. — Que les revenus du haut clergé soient diminués, et le surplus reversé sur les curés des campagnes pour faire gratuitement toutes les fonctions curiales.

Art. 16. — Que les capitaineries, les remises vertes et sèches soient supprimées, les lièvres et les perdrix diminués, et les lapins absolument détruits.

Art. 17. — Qu'il soit prononcé la destruction du droit de colombier, ou au moins qu'il ne soit permis qu'au seul seigneur de la paroisse d'en avoir un.

Art. 18. — Que toutes les maisons servant d'habitation aux gens de campagne soient exemptes d'imposition, ou au moins très ménagées en considération de ce qu'elles ne servent qu'à engranger les productions pour lesquelles les occupants payent les charges de l'État, et qu'il ne soit soumis à la rigueur de l'impôt que celles qui procurent un revenu effectif, ou qui sont de pur agrément.

Art. 19. — Que la dîme qui se perçoit sur le terroir de Fresnes, à raison de 7 par 100 bottes ou gerbes, soit diminuée ou réduite à raison de 4 bottes ou gerbes par arpent, comme elle se perçoit dans les environs.

Art. 20. — Que la paroisse soit conservée dans la possession de mener paître les bestiaux dans les prairies après l'enlèvement de la première coupe, suivant l'usage immémorial, conservation essentielle et nécessaire au ménagement des fourrages pour l'hiver et pour l'approvisionnement de Paris.

Art. 21. — Qu'il soit établi une police invariable sur l'exportation des grains et qu'il soit pourvu promptement à en faire diminuer le prix actuel, qui est excessif.

Art. 22. — Que les laboureurs soient astreints, proportionnellement au nombre de charrues, à garnir les marchés de leur voisinage et qu'il soit donné juridiction compétente aux juges des lieux pour prononcer, contre les contrevenants, les peines et les amendes qu'ils auront encourues.

Et au surplus, en réfèrent aux autres vœux, doléances et plaintes des villes, bourgs, villages et communautés qui auront pour objet l'intérêt de l'État et de la Nation et le soulagement du peuple français; et avons tous signé, à l'exception de ceux qui ont déclaré ne le savoir.

Signé : Le Bourlier; Housselin, syndic; P. Hatier; P. Boulogne; J. Guillaume Moulinot; A. Tavernie; J.-L. Chailloux; Pichard; J.-F. Havary; J. Chailloux; P. Cadier; Philippe Brûlé; Jacques Bouchot; Joseph Boucher; René Potos; Reignaud.

La plupart de ces noms se sont perpétués dans le pays. Les

registres du XVIIIe siècle nous en ont fourni quelques autres qui s'y sont également conservés : Brullé, Bellegueule ou Bellejeule, Daix, Levître, Denis.

La première municipalité républicaine fut constituée le 31 janvier 1790: un laboureur, Guillaume Moulinot, devint maire après un scrutin de ballottage avec Dideron, le propriétaire de Tourvoie dont nous avons déjà parlé, et que nous allons bientôt retrouver moins en faveur.

La commune s'organisa, créa sa garde nationale, ses messiers, et continua, sous le nouveau régime, l'existence calme dont elle jouissait sous l'ancien. Il semble qu'elle s'en soit surtout rapportée, pour la conduite de ses affaires, au curé, l'abbé Galpin, qui était depuis fort longtemps dans la paroisse. C'est lui qui, le 19 juin 1791, ayant à bénir solennellement un drapeau donné à la garde nationale par M. Lange, bourgeois de Paris et propriétaire d'une maison de campagne à Fresnes, prononça un discours patriotique dont l'impression fut votée « sur la demande des différentes gardes nationales présentes » [1].

Dans une note qui accompagne cette harangue, fort banale, d'ailleurs, la décoration du drapeau est ainsi décrite: « Un faisceau de lances, surmonté d'un casque portant panache, reçoit un bouclier sur lequel est représentée une gerbe de blé; des trompettes, des drapeaux, des branches de chêne et une couronne civique au milieu d'une gloire en sont les attributs et désignent les heureux succès et la conquête de la liberté.

« Le faisceau, la gerbe et le casque sont l'emblème de l'union, de la prospérité et de la sûreté. La légende d'un côté : *Union, Prospérité, Sûreté ;* de l'autre, *Fresnes, département de Paris.* »

La population accueillit avec ardeur les idées nouvelles. Le 2 pluviôse de la première année républicaine (21 janvier 1793), c'est-à-dire le jour même de l'exécution de Louis XVI, le maire convoqua les habitants en assemblée générale et prononça un discours sur « les crimes des rois et des maux que Capet a fait souffrir à tous les citoyens ». Il les invita à jurer, sur la tombe de celui dont la tête venait de tomber, de ne reconnaître jamais aucun roi, et ne vouloir que la République démocratique, une et indivisible, ou la mort. Puis, il les convia à suspendre tout travail ce jour-là pour se livrer à l'allégresse.

1. Voyez à la bibliographie, p. 31.

Lorsque Toulon fut repris sur les Anglais, le 19 décembre de la même année, la Convention ordonna de célébrer cette victoire par des fêtes patriotiques dans chaque commune. On n'y manqua pas à Fresnes, et les registres des délibérations municipales nous en ont transmis une relation détaillée :

Du 10 nivôse an II (30 décembre 1793).

« Le citoyen Buhot a proposé de célébrer la prise de Toulon par une fête dont voici le détail :

1° Tous les citoyens et citoyennes de la commune se rassembleront dans la place publique, au pied de l'arbre de la liberté, avec les bustes de Marat, Pelletier et Brutus et avec la pierre venant des cachots de la Bastille sur laquelle sont incrustés les droits de l'homme; ils porteront ces martyrs de la liberté en triomphe, ainsi que cette pierre, dans toutes les principales voies et places de la commune. Pendant toute la marche, ils chanteront en l'honneur de la liberté tous les hymnes qu'inventera le génie de leur brûlant patriotisme et lui adresseront tous leurs remerciements sur la prise de Toulon et sur les conquêtes nationales qu'elle nous a fait remporter sur les tyrans et leurs esclaves.

2° Ils se rendront ensuite dans la cy-devant église, et pour purger l'air du fanatisme qu'on y respirait, ils y brûleront des aromates et parfums en l'honneur de la Raison, qui désormais en fera son temple, dans lequel on lui rendra le culte.

3° Il sera dressé dans la place publique des tables. Chacun y apportera ce qu'il a apprêté pour son dîner, et tous les citoyens feront un repas présidé par la liberté, l'égalité et la fraternité.

4° Il sera bu à la santé de la République, — des martyrs de la liberté, — de l'intrépide Montagne de la Convention nationale, — de nos braves défenseurs de la Patrie, — et des volontaires, envoyés aux armées par la Commune.

5° Comme tous les citoyens ne doivent plus faire qu'une seule famille dont l'union doit faire le bonheur, tous les citoyens se dépouilleront aujourd'hui de tous les ressentiments qu'ils peuvent avoir l'un contre l'autre ; ils promettront d'oublier toutes leurs querelles particulières et dirigeront désormais la haine et leur inimitié contre les ennemis de la liberté, et vivront toujours en bons frères, en sorte que l'époque de la prise de Toulon sera celle de toutes les réconciliations de ceux des citoyens de Fresnes qui pourraient ne pas s'aimer par suite de quelques intérêts particuliers, qu'ils pourront soigner en frères et amis.

Bourlier, Gobin, Brullé et Buhot ont été proposés pour porter : par les trois premiers, les martyrs de la liberté, et Buhot, la pierre.

L'agent national entendu, l'assemblée arrête que ladite fête sera célébrée conformément au détail ci-dessus, et qu'en outre il sera fait plusieurs salves de fusil. »

Une autre fête fut décrétée pour le dernier décadi de ventôse an II. Nous en résumons le programme, discuté soigneusement par la municipalité: deux citoyennes vêtues de blanc et décorées de rubans tricolores devaient porter sur un brancard la figure de la Liberté; elles étaient suivies par deux vieillards portant, de même, la Table des droits de l'homme; ce groupe, escorté par quatre fusiliers, était précédé des bustes des martyrs et suivi du maire, des officiers municipaux et des membres du Comité de surveillance. Au pied de l'arbre de la liberté, le maire prononça un discours sur les maximes des vrais républicains.

Le Conseil municipal préféra, au dernier moment, que la Liberté fût figurée par une jeune fille de la commune, choisie par ses camarades, et portée sur un petit char attelé de deux chevaux. Le soir, on dansa autour de l'arbre de la liberté.

Nous relevons, dans les mêmes registres, la délibération suivante qui peint bien les mœurs champêtres du village et reflète les idées de l'époque; elle est datée du 20 pluviôse an II (8 février 1794) :

« Un membre a demandé que l'on chargeât quelque citoyen de monter l'horloge et de sonner, tous les jours de travail, à onze heures, la cloche pour avertir les laboureurs de l'heure de la soupe et du dîner des chevaux ; que ce travail demandait un petit salaire, et qu'il fallait le crier au rabais.

« L'agent national entendu, l'assemblée en faisant droit à ladite demande, et après avoir fait crier ladite besogne au rabais, et Havary étant celui qui a offert de le faire à 50 livres au meilleur marché, a adjugé le montage de l'horloge, et la sonnerie de la cloche, tous les jours de travail, à onze heures, à Havary, moyennant 50 livres pour une année qui finira le 20 pluviôse de l'an III de la République française une et indivisible. »

Mais, le 26 ventôse suivant, le Conseil ordonna la suppression de cette sonnerie, « comme un reste du fanatisme et de la superstition », et décida que l'on ne sonnerait que pour les assemblées.

Ce sont les jours sombres. Un Comité de surveillance est créé ici comme partout ailleurs, et aux nobles sentiments de fraternité qui réunissaient les habitants pour fêter la prise de Toulon, va succéder, pendant quelque temps, l'esprit de délation et de défiance mutuelles. A Fresnes, ce sentiment ne s'exerça guère que contre un homme qui, trois ans avant, avait failli être élu maire, contre Dideron, le châtelain de Tourvoie.

A plusieurs reprises, la municipalité eut à s'occuper de lui. C'est ainsi qu'à la séance du 30 floréal an II (19 mai 1794), le Conseil entendit la lecture d'une lettre où le citoyen Dideron proteste qu'il n'était pas *seigneur* de Tourvoie, qu'il n'a pas de titres de féodalité relatifs à sa propriété et qu'il s'offre à faire visiter ses papiers si la commune ne se trouve pas assez éclairée. Le Conseil en délibéra en ces termes: « L'assemblée considérant qu'il est à sa connaissance qu'il y a eu autrefois haute, moyenne et basse justice à Tourvoie, mais avant que Dideron en fût propriétaire, arrête qu'il sera demandé au citoyen Dideron ce que sont devenus ces titres. »

Le 25 frimaire an III (25 décembre 1794), la municipalité revint encore sur cette question et décida de signaler aux autorités constituées à Paris que, sur les deux justices supprimées existant autrefois à Fresnes, à savoir Berny et Tourvoie, les papiers de la première étaient entre les mains de la Nation, mais que Dideron s'était toujours refusé à se dessaisir de ceux de Tourvoie [1].

Une préoccupation plus grave était celle des subsistances. La famine était une menace constante, et les administrations municipales employaient tous les moyens pour éviter l'accaparement. C'est ainsi que chaque habitant de la commune dut faire la déclaration des animaux qu'il possédait, des céréales qu'il pouvait avoir en réserve [2].

Les grands faits historiques de notre siècle ont eu certainement leur écho à Fresnes, mais sans en laisser de traces dans les délibérations de la municipalité. En 1848, le Conseil donna son adhésion au gouvernement de la République (12 mars); mais, en 1851, il ne la refusa pas davantage « à l'acte du 2 décembre », et alla même, le 10 octobre 1852, jusqu'à « inviter le prince-président à rétablir l'Empire en son auguste personne ».

La guerre de 1870 vint démontrer si cette invitation avait été sage. Dès le 16 septembre, le territoire de la commune était envahi par l'armée allemande qui ne le quitta qu'au moment de la libé-

1. Nous ignorons, comme la municipalité d'alors, ce que sont devenus les archives de la seigneurie de Tourvoie. Cependant, on nous communique un document sur parchemin, appartenant à une collection privée, aux termes duquel, le 1er juillet 1749, « Elisabeth-Claire Le Duc, fille majeure, dame de la terre et seigneurie de Tourvoie en franc-alleu, ayant seule la haute, moyenne et basse justice et la voirie de ladite terre de Tourvoie », concède l'office de greffier de la justice de Tourvoie à Antoine Bellegeulle-Caron.

2. Nous en relevons une si naïve, à la date du 28 floréal an II (17 mai 1794), qu'on ne peut se défendre d'en sourire :

« Le citoyen maire a dit que Buhot était venu, le 25 courant, après la levée de la séance, annoncer que son cochon ne voulant pas manger depuis trois jours, il l'avait fait visiter par un charcutier qui lui a conseillé de le faire tuer ; qu'il l'a fait tuer pour éviter que son cochon ne meure, et il a offert de le représenter salé à toute réquisition. »

ration définitive. La population tout entière émigra; le Conseil municipal dut transporter son siège à Paris, rue du Val-de-Grâce; il se réunit ensuite dans un immeuble du boulevard Poissonnière pendant le bombardement, et revint siéger une dernière fois rue du Val-de-Grâce le 15 février 1871. Fresnes est heureusement une des localités du département qui ont eu le moins à souffrir des horreurs de cette guerre.

Depuis lors, les municipalités qui s'y sont succédé n'ont pris part aux questions d'ordre général que pour y manifester leurs sentiments de patriotisme et de dévouement à la République: elles ont voté des crédits proportionnés au budget communal: le 18 novembre 1883, pour l'érection d'une statue à F.-V. Raspail; — le 26 mai 1889, pour un monument commémoratif de la résistance de Châteaudun; — le 19 septembre 1893, pour participer aux fêtes données à l'occasion de la visite de l'escadre russe; — le 31 août 1894, pour le monument à élever à la mémoire de président Carnot.

L'événement le plus marquant de l'histoire de Fresnes, à la fin de ce siècle, est la construction sur son territoire des prisons du département. Il en sera question plus loin dans un chapitre spécial, page 60.

Bien qu'à une distance assez grande de l'agglomération communale, la présence de ces édifices ne manquera pas de donner à Fresnes un regain d'activité dont ses finances subiront l'heureuse répercussion. Le village perdra, sans doute, un peu du caractère champêtre que les siècles lui avaient conservé; en revanche, il y gagnera, comme première compensation, d'être mieux desservi, car la construction d'une ligne de tramways parcourant la route de Versailles à Choisy-le-Roi, et dont un embranchement aboutira à la mairie même, est dès maintenant décidée.

II. — MODIFICATIONS TERRITORIALES ET ADMINISTRATIVES

Le 16 janvier 1791, le Conseil municipal fixa en ces termes les limites et les sections du territoire de la commune:

« 1° *Section du Regard de la Loge.* — Ligne de démarcation : au levant, la voie de Wissous à Chevilly; au midi, la voie de Fresnes à Rungis; au couchant, le chemin pavé de Fresnes à la route de Versailles à Choisy; au nord, ladite route de Versailles.

2° *Section des Sureaux.* — Au levant, la voie de Wissous à Chevilly; au midi, la voie de Fresnes à Montjean; au couchant, le le village de Fresnes; au nord, la voie de Fresnes à Rungis.

3° *Section des Glaises.* — Au levant, la voie de Fresnes à Wissous; au midi, la prairie de Tourvoie; au couchant, le chemin pavé de Fresnes à Tourvoie; au nord, le village de Fresnes.

4° *Section de la Bonde.* — Au levant, à prendre de la grande route de Versailles le chemin pavé de Fresnes et alentour, et au-dessous des jardins, cours et bâtiments de la ferme, et de suite le village jusqu'à la voie des communes; au midi et au couchant, la voie de Tourvoie et des communes, en tournant jusqu'à la route de Versailles à Choisy-le-Roi; au nord, ladite grande route de Versailles.

5° *Section de Berny.* — Au levant, la voie des communes; au midi, la prairie et le terroir d'Antony; au couchant, la partie du parc vers la route d'Orléans; au nord, la grande route de Versailles à Choisy.

6° *Section des Aunais.* — Au levant, la voie des Aunais; au midi, la grande route de Versailles à Choisy-le-Roi; au couchant, le terroir d'Antony; au nord, la prairie et le terroir de l'Haÿ.

7° *Section de la Vallée-Renard.* — Au levant, la voie de Fresnes à l'Haÿ; au midi, la grande route de Versailles; au couchant la voie des Aunais; au nord, le terroir de l'Haÿ.

8° *Section des Groux.* — Au levant, la voie de Fresnes à Chevilly; au midi, la grande route de Versailles; au couchant, la voie de Fresnes à l'Haÿ; au nord, la voie du Loup.

9° *Section de la Fosse au Veau.* — Au levant, la voie de Wissous à Chevilly; au midi, la grande route de Versailles; au couchant, la voie de Fresnes à Chevilly; au nord, le terroir de l'Haÿ et Chevilly.

10° *Le village de Fresnes.* — Maisons et jardins, attenante à la première, la seconde, la troisième et quatrième section » [1].

La commune n'a jamais eu de difficultés sur les limites de son territoire.

En 1787, lors de la création des Assemblées provinciales et de la première tentative d'une division de la France en départements, Fresnes fit partie du département de Corbeil et de l'arrondissement de Longjumeau.

1. Registre des délibérations municipales, à la mairie.

Cet état des choses dura moins de trois ans. La Révolution en fit une commune du district de Bourg-la-Reine et du canton de Choisy-le-Roi. En l'an IX, lors de la réduction à huit du nombre des cantons, Fresnes fut rattaché au canton de Villejuif et lui appartient encore aujourd'hui. Pendant la majeure partie du siècle, ses habitants ont supporté sans protestation cette répartition; mais, depuis quelques années, ils ont émis fort énergiquement le vœu de dépendre du canton de Sceaux. Les délibérations municipales prises à ce sujet sont datées du 26 février 1888, du 2 juillet 1891 et du 17 février 1897. Toutes trois invoquent la distance du chef-lieu de canton, le manque absolu de moyens de communication pour s'y rendre, et la distance, plus grande encore, de Choisy-le-Roi où réside le notaire du canton de Villejuif [1].

La fixation à Sceaux du chef-lieu de l'arrondissement paraît avoir moins préoccupé la population. Le Conseil municipal fut amené, toutefois, à en délibérer, le 8 février 1835, pour déclarer qu'il était d'avis de ne rien modifier. Le siège de la sous-préfecture, dit-il, aurait pu être mieux choisi dans le principe, « mais dans ce moment où les impôts sont exorbitants, il serait ridicule de penser à son déplacement, le temps n'est pas opportun à faire ce changement... ». Il s'agissait de transporter le chef-lieu à Choisy-le-Roi.

Le 10 mars 1877, la municipalité consultée par la Préfecture de la Seine opina en faveur du maintien des deux sous-préfectures de Sceaux et de Saint-Denis.

III. — ANNALES ADMINISTRATIVES. — LISTE DES MAIRES

Messiers. — Le 23 mai 1790, la municipalité décida qu'il était utile d'en conserver l'institution et fixa leur rétribution à dix sous par arpent de vigne pour les propriétaires capables de devenir

1. Ce vœu n'a pas été accueilli par M. le Ministre de la Justice qui, aux termes d'une décision du 20 décembre 1897, estime que de nouveaux moyens de communication vont être créés prochainement dans le canton de Villejuif; que la population de Fresnes est desservie, au point de vue notarial, par cinq études de notaires; que si, par la nature de l'acte, le déplacement incombe à l'officier ministériel, celui-ci se transporte à Fresnes sans augmentation de frais; qu'en revanche, l'huissier du canton de Sceaux réside à Vanves, c'est-à-dire à dix kilomètres de Fresnes, et que « le défaut de moyen direct de communication rendrait peu accessible, pour les habitants de la commune, cet auxiliaire indispensable de la justice de paix ».

messiers, et à vingt sous pour ceux qui n'étaient pas en état d'en remplir les fonctions.

Instruction. — Le 9 germinal an II, un sieur Demellier se présenta à la mairie, s'offrant à être instituteur de la commune; on lui fit observer qu'il était convenable que sa femme vînt résider avec lui. Comme sa réponse se faisait attendre et que, d'autre part, il avait été reconnu qu'il était sourd, la municipalité lui préféra, le 17 germinal suivant, le citoyen Saturnin-Joseph Pépin. Les registres municipaux auxquels nous empruntons ces faits contiennent à son sujet la mention suivante :

« Le citoyen Pépin, instituteur, a représenté l'état des jeunes citoyens et citoyennes qui ont suivi son école pendant messidor, thermidor et fructidor, et a invité la municipalité à lui donner un mandat de 221 livres, 15 sols 8 deniers sur le receveur du district pour payement de son traitement. Lecture faite dudit état, et l'agent national entendu, l'assemblée a arrêté que ledit mandat lui serait donné. »

L'institution congréganiste des sœurs, fondée sous l'ancien régime, avait subsisté dans la commune, mais, le 30 nivôse an III (19 janvier 1795), le Conseil décida que « les ci-devant sœurs seront requises de s'habiller comme les autres citoyennes, parce qu'il est du devoir de la municipalité de ne rien laisser subsister de ce qui peut rappeler le fanatisme ».

La première maison d'école communale ne fut achetée qu'en 1828, au prix de 3.751 fr. 20; c'était la propriété de M. et Mme Cravoisier.

Par délibération du 6 juillet 1862, le Conseil, consulté à ce sujet par l'administration préfectorale, émit le vœu unanime qu'un instituteur laïque fût maintenu à Fresnes.

Trois ans plus tard, le 12 février 1865, il éleva à 2 fr. 50 par élève le taux de la rétribution mensuelle, et fixa le traitement de l'instituteur à 600 francs. De ce chef, une surimposition de trois centimes fut votée.

Le 3 juillet 1870, était décidée la création d'une école publique de filles, le local précédemment occupé par l'école libre étant accepté au prix de 400 francs. L'institutrice devait avoir un traitement de 1.000 francs, savoir : 200 francs de traitement proprement dit, 500 francs produits par les rétributions scolaires, et 300 francs provenant du payement par la commune de la rétribution de dix élèves indigentes.

La guerre vint arrêter cette création, et, le 26 novembre 1871, fut prise une délibération portant que la commune ne comptait plus que quatre cents habitants, qu'elle n'était donc pas dans l'obligation d'entretenir une école de filles, et demandant à l'unanimité, mais sans l'obtenir, que l'école publique de garçons devînt école mixte à partir du 1er janvier suivant.

L'instruction gratuite fut votée à dater du 1er janvier 1873 (séance du 14 juin 1872); le traitement de l'instituteur élevé à 2.000 francs et la subvention de 500 francs maintenue à l'établissement des sœurs.

Enfin, c'est le 18 février 1894 qu'a été ordonnée la création d'une classe enfantine, avec un traitement de 750 francs pour la maîtresse qui la dirigera.

Culte. — Consulté, le 21 juillet 1859, sur l'opportunité de la fondation d'un temple protestant à Bourg-la-Reine, le Conseil déclara s'en rapporter tout à fait aux autres communes de l'arrondissement, attendu qu'il n'existait à Fresnes qu'une seule personne appartenant à cette religion.

Le 28 mai 1893, après trois tours de scrutin et par quatre voix contre deux, plus deux abstentions, l'assemblée municipale vota la suppression des processions religieuses de la Fête-Dieu sur la voie publique.

Chemins de fer. — La concession d'une ligne de chemin de de fer de Paris à Sceaux (à trains articulés, en raison des courbes) fut faite dès le 20 juillet 1844. A la séance du Conseil municipal de Fresnes qui eut lieu le 8 mai 1845, un conseiller annonça qu'il était « fort question d'un chemin de fer dont l'embranchement prendrait vers Cachan pour aller à Orsay, mais qu'il n'y avait pas de station projetée entre Cachan et le pont d'Antony ». Le Conseil émit le vœu qu'une station fût établie à Berny. La ligne projetée ne devait se réaliser qu'en 1854 (l'inauguration eut lieu le 28 juillet; ce n'est qu'ultérieurement que la ligne fut prolongée jusqu'à Limours). A cette occasion, le Conseil renouvela, le 10 juillet 1854, le vœu formulé en 1845.

Il est intéressant de rappeler le projet, qui n'eut pas de suite, d'un prolongement vers Paris, en passant par Fresnes, d'une ligne de Beaune-la-Rolande à Bourges. Le 24 décembre 1876, la municipalité opposa un refus énergique à cette proposition, qui aurait pu avoir pour effet de favoriser l'établissement d'une vaste nécropole sur le territoire de Wissous (Seine-et-Oise), établissement contre lequel elle avait non moins énergiquement protesté, le 25 juillet 1874.

Lors de la construction de la ligne stratégique de Massy-Palaiseau à Villeneuve-Saint-Georges, le Conseil protesta de même contre un projet de station à Wissous, qui n'est relié à Fresnes que par des chemins impraticables ; il exprima le désir qu'une station fût établie entre le chemin d'Antony à Wissous et la route de Toulouse. Satisfaction lui a été donnée sur ce point, par la création d'une halte, sans préjudice de la station de Wissous.

Bureau de poste et télégraphe. — Jusqu'à 1884, le service postal fut fait par le bureau d'Antony, qui desservait la commune deux fois par jour seulement, à 8 heures du matin et à 2 heures de l'après-midi.

Par délibération du 2 septembre 1884, le Conseil sollicita et obtint, peu après, du Ministre des postes et télégraphes la création à Fresnes d'un bureau « qui desservirait, en outre, Rungis, la Belle-Épine et Montjean ». C'est ce qui eut lieu, sauf pour le hameau de la Belle-Épine qui continue à recevoir ses correspondances du bureau de Thiais.

Le 18 mai 1890, un crédit de 40 francs a été ouvert pour l'établissement d'une boîte aux lettres à Berny (haras).

Noms des rues. — Les vocables des voies urbaines s'expliquent d'eux-mêmes : Grande-Rue, rue de Tourvoie, rue de Fresnes, rue de Wissous, rue de la Croix, impasse des Sentiers. Il est à noter toutefois que la rue de Fresnes s'appelait précédemment rue de la Faisanderie, et que la partie de la Grande-Rue qui est comprise entre la rue de la Croix et l'extrémité de l'agglomération vers Rungis était dénommée rue des Francs-Bourgeois. Par délibération du 5 novembre 1882, le Conseil décida de supprimer cette dénomination assez inexplicable, et vota un crédit de 100 francs pour appliquer un numérotage continu à toutes les maisons de cette rue.

MAIRES DE FRESNES

MOULINOT, Guillaume. Laboureur, élu par les habitants le 31 janvier 1790.
CHAILLIOUX. An II — ?
GASSOT, Fortuné. An XI — 1809.
CHAILLIOUX. 1810-1816.
JAMET. 1816.
LOUVIEZ (Jean-François de). 1817-1830. Démissionnaire.

SILVESTRE, Étienne. Nommé par arrêté préfectoral du 22 juillet 1830. Démissionnaire.

SAVOURÉ, Clément-Nicolas. 17 septembre 1830-1847.

LEVITRE, Jacques-Honoré. Maire par intérim, juin 1847-1850.

RIVET. 1850-1855.

DENIS, Jacques. 7 novembre 1855-1857. Démissionnaire.

RIVET. 30 mai 1857-1859. Démissionnaire.

BOUCHER, Félix-Xavier. 11 avril 1859; élu le 30 juillet 1871. Démissionnaire.

RAVENEAU, Jean-Michel. Élu le 6 août 1871; nommé par arrêté préfectoral du 9 mars 1874; démissionnaire le 11 mars 1875.

LEBOURLIER, Charles. Nommé en avril 1875; élu le 8 octobre 1876; réélu le 21 janvier 1878; démissionnaire en 1882.

GASTINEL, Léon-Gustave-Cyprien. Élu le 16 août 1882.

DENIS, Pierre-Vincent. Élu le 17 mai 1884; réélu le 18 mai 1888.

DAIX, Auguste-Philippe. Élu le 8 mai 1892; réélu le 16 mai 1896.

IV. — MONUMENTS ET ÉDIFICES PUBLICS

Croix de pierre. — Le plus ancien monument est sans doute cette croix de pierre qui s'élève à l'extrémité de la rue de la Croix, sur un tertre d'où l'on découvre toute la vallée de Wissous et de Tourvoie. Là était, paraît-il, le cimetière primitif de la commune, et une croix, suivant l'usage, en occupait le centre. Celle-là, qui provient du second cimetière, voisin de l'église, peut dater du XIIIe siècle; elle porte sur une face l'image du Christ en croix, et, sur la face opposée, celle de la Vierge, toutes deux malheureusement mutilées.

Église. — L'église, dédiée à saint Eloi (évêque de Noyon, ministre de Dagobert), avait été construite aussi au XIIIe siècle; mais, maintenant, le chœur seul appartient à cette époque. Tout le reste fut refait au XVIe siècle, comme l'atteste une inscription contemporaine, qu'il est fâcheux de ne pas voir conservée en entier. Elle est apposée sur la face extérieure de la base d'une tourelle qui flanque le bas côté méridional, et est ainsi conçue :

. . . .

ONT FAICT ASSEOIR LA
PREMIÈRE PIERRE LE XIIIIe
JOUR DE MAY 1538 [1].

1. Cf. Guilhermy, *Inscriptions de l'ancien diocèse de Paris*, Collection des Documents inédits de l'histoire de France, t. III, p. 618.

Il serait téméraire de rien affirmer sur la première partie de la phrase; peut-être est-ce le nom du seigneur qui possédait alors Fresnes, et de sa femme; peut-être, et nous le croirions plus volontiers, faut-il supposer les mots:

« Les curé et marguilliers de ceste paroisse... »

Nous avons signalé plus haut (page 10) l'existence dans l'église de la dalle tumulaire de Philippe de Cannaye, seigneur de Fresnes, mort en 1610. A l'époque où le baron de Guilhermy la décrivit dans ses *Inscriptions de l'ancien diocèse de Paris*, elle était au milieu du chœur. On l'a relevée depuis, et fixée contre le mur du bas côté sud; mais elle est tellement usée qu'on ne peut déchiffrer une ligne de l'inscription; on y distingue cependant les pièces 1 et 4 du blason écartelé, composées d'un chevron accompagné de trois étoiles, le tout surmonté d'un heaume avec lambrequins [1].

Dans la sacristie, est conservée une dalle en pierre, du XVIe siècle, également très défigurée par le temps, où sont inscrites les fondations de prières faites dans l'église de Fresnes par Pierre Dufresne, curé de Freznoy, au diocèse de Troyes, puis de Saint-Germain-du-Chesnay, près de Versailles [2].

On a déjà lu (p. 14) l'inscription de la cloche mentionnant son baptême et la part qu'y prirent le comte de Clermont et Mlle Leduc; cette cloche existe encore, mais pas à la place même où elle avait été fixée en 1749, car le clocher a été reconstruit depuis; le 10 juin 1818, furent adjugés au prix de 134 fr. 50 les matériaux de l'ancien clocher.

En 1823, les combles ont subi une réfection totale, évaluée à 8.715 francs, et le 8 août 1842, le Conseil délibérait sur de nouvelles réparations urgentes à faire à l'édifice et qu'un devis évaluait à 3.466 francs.

Par délibération du 26 février 1897, le Conseil municipal a autorisé le Conseil de fabrique à faire apposer dans l'église une plaque commémorative à la mémoire de l'abbé Saur, ancien curé de la paroisse.

Cimetière. — Il était d'abord placé, nous l'avons dit, à l'extrémité du village, au bout de la rue de la Croix. A quelle époque fut-il désaffecté, c'est ce que les textes ne disent pas. Le 13 mai 1810, le Conseil opinait pour « le maintien du cimetière actuel, qui ne

1. Guilhermy, ouvr. cité, p. 618.
2. *Ibid.*, p. 621.

paraît pas nuire à la salubrité de l'air ». Cela semble bien prouver que l'emplacement avait été modifié et que le cimetière était déjà dans le cœur du pays, devant l'église (côté sud). Une délibération du 4 mai 1832 fait connaître qu'il s'y trouvait sans clôture; que, l'année précédente, les habitants ont contribué pour la plus forte part à le faire entourer de murs, mais qu'il reste encore une dépense de 400 francs à acquitter. Le Conseil approuva l'inscription de cette somme au budget. Cependant, en 1845 (8 mai), il se préoccupait, en raison de l'insalubrité qui était à craindre, de chercher un autre terrain. On ne prit de décision que le 31 mai 1854, date à laquelle fut adopté l'emplacement actuel, en bordure de la route de Choisy-le-Roi à Versailles, à l'extrémité N.-E. de la commune. Le maire signa un arrêté, le 27 décembre 1857, prescrivant la fermeture de l'ancien cimetière, qui est resté, depuis lors, à l'état de terrain vague.

Presbytère. — « Avant la Révolution, écrivait le maire au sous-préfet, à la date du 5 juin 1826, la paroisse avait un très beau presbytère. » Il fut, en effet, vendu comme bien national en l'an II. Quand le culte catholique put être de nouveau célébré, ce fut l'ancienne maison des sœurs, — celle qu'avait donnée Mme de Tourvoie à la commune, — qui devint le presbytère, et elle l'est encore aujourd'hui, mais après avoir subi plusieurs restaurations, dont une, notamment, en 1825, coûta 5.057 fr. 16.

Mairie. — A l'origine, ce fut une salle prise en location, ainsi que l'attestent les divers budgets communaux portant pour ce loyer une dépense annuelle de 30, puis de 40 francs. Il en fut ainsi jusqu'en 1840, époque à laquelle le Département pourvut la commune du bâtiment qui est situé exactement en face de l'entrée principale de l'église, pour en faire une mairie, à la charge d'en fournir l'ameublement.

Dans sa séance du 2 septembre 1884, le Conseil adopta les plans d'un nouvel édifice plus vaste, et devant renfermer l'école des garçons et filles et le bureau de poste. A cet effet, il vota un crédit de 87.406 fr. 62, ainsi réparti :

Mairie, 23.822 fr. 54;

Écoles, 63.584 fr. 08.

Comme il arrive le plus souvent, une fois achevés, les travaux s'élevèrent à une somme un peu supérieure ; le décompte définitif en fut approuvé par le Conseil le 26 février 1888, et arrêté à 96.764 fr. 66.

Dès que la construction des prisons du département sur le territoire de Fresnes a été décidée, la municipalité a dû se préoccuper de l'augmentation de population scolaire qui lui incomberait par le fait des enfants du personnel administratif de ces prisons; aussi a-t-elle fait d'urgence ajouter une aile de bâtiment affectée à l'école des filles et à l'école maternelle.

D'autre part, un projet de salle d'assemblées, de fêtes, etc., a été en même temps accepté, et l'exécution s'en poursuit actuellement.

BIBLIOGRAPHIE[1]

L'abbé Lebeuf. *Histoire du diocèse de Paris*, tome IV, pp. 44-47 de l'édition de 1883.

Discours prononcé, le dix-neuf juin 1791, lors de la bénédiction du drapeau de la garde nationale de Fresnes, département de Paris, sous la devise Union, Prospérité, Sûreté, par l'abbé Galpin, curé de Fresnes. Paris, Froullé, s. d. in-8; 8 pp (Bibliothèque nationale L b 39 999 8).

Cousin (Jules). *Le comte de Clermont, sa cour et ses maitresses. Lettres familières, recherches et documents inédits.* Paris, Académie des Bibliophiles, 1867, 2 vol. in-8.

Sainte-Beuve. *Le comte de Clermont et sa cour. Étude historique et critique.* Paris, Académie des Bibliophiles, 1868, in-8 (Tirage à part du *Moniteur* des 4, 11 et 18 novembre 1867, et du tome XI des *Nouveaux Lundis*).

Projet de construction à Fresnes-lès-Rungis (Seine) d'un groupe de prisons départementales. Paris, Chaix, 1895, impr .in-4; 28 pp. (Publication de la Préfecture de la Seine, direction des Affaires départementales).

Construction à Fresnes-lès-Rungis (Seine) d'un groupe de pri-

1. A huit lieues de Paris, non loin de Meaux, existe un autre Fresnes, qui aux deux derniers siècles, a eu, par ses seigneurs et son château, une grande notoriété, et dont l'histoire pourrait être souvent confondue avec celle de Fresnes du département de la Seine. Aussi croyons-nous utile d'indiquer la *Notice sur Fresnes, canton de Claye, arrondissement de Meaux,* par Th. Lhuillier; Meaux, 1873, in-8, — qui permettra dans certains cas, d'être prémuni contre ces confusions.

sons départementales. Correspondance échangée avec M. le Ministre de l'Intérieur. Délibération d'utilité publique. — Extrait des jugement, décision et ordonnance relatifs aux expropriations de terrains. Paris, impr. Chaix, 1895, in-4° ; 48 pp. (Publication de la Préfecture de la Seine, direction des Affaires départementales).

FERNAND BOURNON.

RENSEIGNEMENTS
ADMINISTRATIFS

I. — TOPOGRAPHIE, DÉMOGRAPHIE ET FINANCES

§ I. — TERRITOIRE ET DOMAINE

A. — TERRITOIRE

Nom. — Fresnes.

Dénomination des habitants. — Fresnois.

Armoiries. — Néant.

Limites du territoire. — La commune est bornée:

Au Nord, par l'Haÿ et Chevilly;

A l'Est, par Rungis;

Au Sud, par Wissous (Seine-et-Oise);

A l'Ouest, par Antony.

Quartiers, hameaux, écarts. — Le petit Fresnes, au nord de l'agglomération centrale à laquelle il est relié par le chemin de la Faisanderie, se compose de quelques habitations et principalement d'une tuilerie mécanique, situées de chaque côté de la route de Versailles. Il y avait là, autrefois, la faisanderie du château de Berny. La voie dénommée aujourd'hui « rue de Fresnes » s'appelle encore chemin de la Faisanderie; il y existait un bassin important qui a donné son nom au lieu dit « le Réservoir ». Un chemin conduisait directement au château de Berny; les anciens du pays appellent encore l'emplacement de ce chemin « la Voie Verte ».

Berny, sur la Bièvre, se compose d'un moulin et de ses dépendances et de quelques maisons. Dans les prés submersibles de la Bièvre, il y a eu autrefois des puits artésiens; il en existe encore. Une pièce de terre de forme rectangulaire est, tous les ans, submergée par les eaux de la Bièvre en hiver et, lorsqu'elle est gelée, la glace en est transportée à Tourvoie. Ce bassin est appelé le « Canal carré » par opposition avec une autre pièce d'eau, toujours pleine, située en amont et sur la même rive de la Bièvre, et désignée sous le nom de « Canal rond » ; on y pêche la grenouille en assez grande quantité et on y tue le canard sauvage.

Tourvoie, au sud-ouest, vers Antony, l'ancien château de Mlle Leduc, est devenu une fabrique de chaux et de ciment. Il y existe encore des restes d'une ancienne tour, démolie en partie pendant la guerre de 1870. Un étang assez vaste, en forme d'équerre, qui faisait partie de l'ancien domaine, existe encore aujourd'hui. Il est alimenté par un ruisseau venant des hauteurs de Montjean et le trop-plein s'écoule par une dérivation qui prend le nom de « Fausse Bièvre », et qui va rejoindre la Bièvre à Berny. A l'extrémité de la pièce d'eau se trouve un parapet sur lequel est gravé la date « 1752 ». Les habitants désignent ce ponceau sous le nom de « la Grotte ».

Lieux dits. — Les Prés, Bas des Folies, Haut des Folies, Vallée Renard, Haute Vallée Renard, Petite Vallée Renard, la Voie aux Loups, le Trou au Renard, les Groux, les Fournières, le Réservoir, la Garenne, Clos de la Garenne, la Tuilerie, la Bonde, Côte de Tourvoie, la Tour aux Chartiers, la Sablonnière, le Regard de la Loge, Butte de Rungis, la Fosse aux Veaux, la Cerisaie, Voie de Rungis, Entre les deux Croix, les Glaises, les Thibaudes, la Roulée, les Sureaux, la Croix Rouge, les Dandins.

Superficie. — La superficie actuelle du territoire est de 351 hectares, dont:

Propriétés bâties	10 hectares
Propriétés non bâties	341 —
Total égal	351 hectares

Arrondissement. — Sceaux.

Canton. — Villejuif.

Circonscription électorale législative. — Troisième circonscription de l'arrondissement de Sceaux.

Sectionnement électoral. — Pas de sectionnement.

Bureau de vote. — Un seul bureau de vote, à la Mairie.

Circonscription de Commissariat. — Commissariat de police de Choisy-le-Roi.

Circonscription judiciaire. — Justice de paix de Villejuif.

Orographie. — Point le plus élevé au-dessus du niveau de la mer : 85^{m} (toute la partie Est de la commune).

Point le plus bas : 50^{m} (toute la vallée de la Bièvre).

L'altitude a été repérée à la Mairie à la cote 69^{m}7.

Hydrographie. — La Bièvre est la seule rivière de l'arrondissement de Sceaux dont les eaux soient utilisées comme force motrice.

D'autres petits cours d'eau, dont le débit est des plus minimes, se jettent dans cette rivière et ne présentent aucun intérêt.

La largeur de la Bièvre ne peut être définie bien nettement à cause de l'existence, à côté du lit naturel, d'un certain nombre de dérivations, dites rivières mortes, destinées principalement à faciliter le curage de la rivière et dont plusieurs forment des bras dans lesquels l'eau ne coule pas continuellement.

Nous avons adopté, pour le calcul du débit, la largeur de quatre mètres, fixée par les arrêtés préfectoraux.

La pente de la première section comprend la chute du moulin de Cachan. Pour cette section de la Bièvre, le volume par seconde a été établi au moyen des résultats obtenus au déversoir Copeau, à Paris, parce que, entre ce point et le moulin de Cachan, la Bièvre ne reçoit aucun affluent.

Dans la seconde section, dont Fresnes fait partie et qui commence au moulin de Cachan, le débit de la Bièvre est très variable, car, indépendamment de plusieurs affluents, quelques puits artésiens fournissent des eaux à la rivière.

Les résultats des expériences faites à Paris ne sont donc pas applicables à cette section de la Bièvre.

DÉSIGNATION des COURS D'EAU	LOCALITÉS du Département situées SUR LES COURS D'EAU	LIMITES dans le département DES COURS D'EAU ou de leurs sections		LONGUEURS comprises dans le DÉPARTEMENT		LARGEUR MOYENNE des cours d'eau ou de leurs sections	PENTE TOTALE par cours d'eau ou par section	SURFACE DU VERSANT de chaque cours d'eau dans le DÉPARTEMENT
		A L'AMONT	A L'AVAL	PAR SECTION	PAR COURS D'EAU			
				mèt.	mèt.	mèt.	mèt.	mèt.
Bièvre (2e section).	Berny, Antony......	Limite du département de Seine-et-Oise.	Moulin de Cachan ..	6.747	12.354	4 »	9,93	»
Ru de Fresnes........	Fresnes...	Fresnes...	Bièvre	600	600	0,50	»	»
Ru de Rungis ou de Wissous ..	1re partie Rungis	Lavoir de Fresnes..	Bièvre.....	1.320	1.900	1,20	3,22	»
	2e partie Fresnes....	Limite du département de Seine-et-Oise.	Lavoir de Fresnes..	580		0,30	»	»

DÉSIGNATION des COURS D'EAU	VOLUME PAR SECONDE		
	DES EAUX ORDINAIRES	DES EAUX D'ÉTIAGE	DES GRANDES EAUX
	mèt. cub.	mèt. cub.	mèt. cub.
Bièvre (2e Section)................	0,300	0,040	2,500
Ru de Fresnes.....................	»	»	»
Ru de Rungis ou de Wissous.......	»	»	»

B. — DOMAINE.

Mairie. — La Mairie, située place de la Mairie, a été construite en 1887. Elle a remplacé l'ancienne qui se trouve encore, inutilisée, derrière l'église. Son agrandissement, entrepris en 1897, en vue de l'accroissement de la population à prévoir quand les prisons départementales seront terminées, n'est pas encore achevé.

Un même bâtiment, construit selon les données les plus récentes du confort moderne, d'aspect gai, et suffisamment monumental, en pierre meulière et briques, contient à la fois la Mairie, les écoles, les bureaux de la poste et du télégraphe. Sa situation élevée, au cœur du pays, au centre d'un panorama d'une grâce champêtre, lui donne un aspect des plus séduisants.

Le pavillon central comprend, au rez-de-chaussée: le Secrétariat, le logement du concierge, la salle du Conseil; au 1er étage: le logement de l'instituteur-secrétaire de la mairie et celui de l'institutrice. L'aile gauche contient: au rez-de-chaussée, une classe de garçons et le bureau de poste; au 1er étage, le logement de l'instituteur adjoint et une seconde classe de garçons. L'aile droite se compose, au rez-de-chaussée : d'une classe des filles et de deux classes enfantines; au 1er étage, d'une seconde classe de filles et de deux logements d'institutrices adjointes.

Le magasin des pompes est placé dans le sous-sol; — derrière la mairie, on a commencé la construction d'une salle des fêtes attenante, d'une longueur de 20 mètres sur 9 mètres de largeur.

Les instituteurs, le garde champêtre et le cantonnier ont un jardin derrière la mairie.

La superficie occupée par ces bâtiments, qui sont propriété de la commune, est de 1 hectare 65 ares 08 centiares. La dépense totale atteindra 225.000 francs.

Écoles. — Voir *Mairie.*

Église. — L'église, sous le vocable de saint Éloi, a été restaurée en 1891 sur l'initiative de l'abbé Saur, mort curé de Villemomble, avec le secours du ministère des Cultes et de libéralités particulières.

Déjà, en 1880, la réparation de l'église avait coûté 2.314 fr. 18.

Elle occupe un des côtés de la place de la mairie.

Le monument, dont la superficie est de 2 ares 68 centiares, appartient à la commune.

Son origine est fort ancienne, mais les restaurations successives qu'elle a subies ne permettent plus de lui assigner un style bien déterminé.

Temple, synagogue. — Néant.

Presbytère.— Il est situé Grande-Rue, et sa construction remonte au siècle dernier.

Il appartient à la commune.

La superficie du terrain, en comprenant le jardin, est de 4 ares 38 centiares.

Cimetière. — Il est situé en bordure de la route de Versailles au lieu dit « Butte de Rungis », au nord et à 500 mètres environ de l'agglomération centrale. Il a été ouvert le 27 décembre 1857; sa superficie est de 3.419 mètres carrés. Ce terrain appartient à la commune.

Suzanne Brohan (1807-1887), qui fit partie de la troupe de la Comédie-Française, ainsi que ses deux filles, Augustine et Madeleine, et sa nièce Jeanne Samary, y est inhumée dans une concession perpétuelle datant de 1859.

Un caveau provisoire a été ouvert en 1883 et a donné lieu à à une dépense de 784 fr. 37.

Tombes militaires.— Un terrain de 4 mètres carrés, dans l'angle de droite du cimetière, contient les restes de quatre soldats allemands.

Hospice. — Néant.

Hôpital. — Néant.

Refuge. — Un corps de garde, situé au milieu du pays, reçoit tous les jours, après examen de leurs papiers par le garde champêtre, les voyageurs sans asile.

Morgue. — Néant.

Crèche.— Néant.

Dispensaire. — Néant.

Fourneau économique. — Néant.

Théâtre. — Néant.

Abattoir. — Pas d'abattoir public, mais deux tueries particulières chez un boucher et un charcutier de la localité.

Fourrière. — Néant.

Terrains communaux. — Quelques terres en friche, d'une superficie de 1 h. 57 a. 43 centiares, qui ne sont d'aucun rapport.

Fort. — Néant.

§ II. — DÉMOGRAPHIE

A. — POPULATION

Les dénombrements faits depuis 1801 donnent les résultats suivants :

1801	311 [1].
1817	322
1831	346
1836	415
1841	386
1846	453
1851	427
1856	433
1861	451
1866	555
1872	471
1876	542
1881	510
1886	594
1891	614
1896	853

Le chiffre de la population de la commune a donc presque triplé depuis le commencement du siècle ; l'augmentation est surtout sensible entre les résultats de 1891 et ceux de 1896.

Les tableaux dressés à la suite du dernier recensement contiennent les renseignements suivants :

Population *résidente* : 853.

Résidents présents	746	853 habitants
— absents	3	
Population comptée à part	104	

1. Un siècle auparavant, en 1709, lors du dénombrement des paroisses de la Généralité de Paris, la population de Fresnes ne comptait que 60 feux. (*Appendice* — p. 424 — *au Mémoire de la généralité de Paris pour l'instruction du duc de Bourgogne*, publié dans la collection des Documents inédits de l'Histoire de France par M. de Boislisle).

La population *recensée comme présente*, le 29 mars 1896, se décompose ainsi :

	ENFANTS ou célibataires	MARIÉS	VEUFS	DIVORCÉS	TOTAL
Hommes	236	172	14	3	425
Femmes	232	157	36	»	425
	468	329	50	3	850

La population de Fresnes, au point de vue de la provenance, se divise ainsi :

72/94es d'habitants venus de divers points de la France ;
21/94es d'habitants nés à Fresnes ;
1/94e d'Alsaciens et d'étrangers.

Le classement de cette population par nationalité est résumé dans le tableau suivant :

		HOMMES	FEMMES	TOTAL
Français	Nés de parents français	410	410	820
	Naturalisés	3	8	11
Étrangers	Allemands	1	1	2
	Belges	2	»	2
	Luxembourgeois	2	2	4
	Espagnols	4	3	7
	Suisses	3	»	3
	Russes	»	1	1
		425	425	850

Les départements de la France qui fournissent à la commune le plus fort contingent sont :

Seine (non compris Fresnes) . . . . 160 habitants
Seine-et-Oise . . . . 75 —
Creuse. . . . . 22 —
Aisne . . . . 21 —
Seine-et-Marne . . . . 19 —
Côtes-du-Nord. . . . . 18 —
Sarthe. . . . . 18 —

En résumé, la population de Fresnes est ainsi répartie d'après le lieu de naissance :

Français. . . .	831	dont.	192	nés dans la commune.
Étrangers . . .	19	dont.	»	—
Soit un total de. .	850	habitants, dont	192	nés dans la commune.

Dans l'année 1896, l'état civil a enregistré :

15 naissances ;
16 décès ;
5 mariages ;
» divorces

B. — HABITATIONS

Nombre de maisons : 125.

Habitations composées	d'un rez-de-chaussée.	34
—	d'un étage	71
—	de deux étages.	18
—	de trois étages ou plus.	2
	Total	125
dont	124 occupées	
et.	1 vacante.	

Nombre de logements : 234, occupés par . . . . 26 isolés.
et. . . . 208 familles.
20 ateliers.
18 magasins ou boutiques.

C. — DIVERS

Électeurs inscrits en 1897. — 203.

Recrutement. — 6 conscrits ont tiré au sort en 1897.

Chevaux. — 83 chevaux, appartenant à 23 propriétaires :

Chevaux entiers . .	46	dont	2	au-dessous de 6 ans et	44	au-dessus
Chevaux hongres. .	35	dont	3	—	32	—
Juments.	2	dont	»	—	2	—
Totaux	83	—	5	—	78	—

Voitures. — 22 voitures, appartenant à 12 propriétaires :

	11	à 2 roues, attelées	de 1 cheval
	9	— —	de 2 chevaux
	»	à 4 roues, attelées	de 1 cheval
	»	— —	de 2 chevaux
	2	— —	de 3 —
Total. . .	22		

§ III. — FINANCES

A. — CONTRIBUTIONS

Principal des contributions directes en 1897 :

Contribution foncière	4.661 »
— personnelle et mobilière	1.420 »
— des portes et fenêtres	1.077 »
— des patentes	1.443,57
Total	8.601,57

Perception des contributions. — La commune dépend de la perception de Choisy-le-Roi. Le percepteur de cette circonscription se tient à la mairie de Fresnes, le 1er mardi de chaque mois, de 11 heures à 3 heures, et les mercredi, jeudi, vendredi de chaque semaine à Choisy-le-Roi, 7, rue de la Halle.

B. — OCTROI

Pas d'octroi dans la commune.

C. — FINANCES COMMUNALES

Recettes ordinaires d'après le compte de 1896.	12.855,78
— extraordinaires — —	1.804,56
Total	14.660,34 [1]
Dépenses ordinaires d'après le compte de 1896.	12.307,76 [2]
— extraordinaires — —	1.673,34 [2]
Total	13.981,10 [3]

Les dépenses ordinaires se répartisssent entre les principaux services de la façon suivante :

1° Administration et police	3.092,58
2° Voirie	4.242,73
3° Bienfaisance	399,58
4° Enseignement	699,95
5° Dépenses diverses	2.502,92

1. Ces recettes constituent les ressources normales de la commune.

2. Non compris les restes à payer devant figurer au compte administratif de l'année suivante.

3. Ce total représente les dépenses normales de la commune.

Emprunts. — Un emprunt de 9.500 francs, au Crédit foncier, pour construction d'une mairie-écoles, remboursable en 17 ans, à partir du 31 juillet 1889 (Délibération du Conseil municipal du 19 avril 1885. — Décret du 3 août 1885).

Un emprunt de 5.000 francs au Crédit foncier pour construction d'une classe enfantine, remboursable en 7 ans, à partir de 1894 (Décret du 5 avril 1893).

Secours. — La commune a reçu, depuis 1890, des secours pour l'exécution des travaux énumérés ci-après :

Année 1895. — Secours de 4.200 francs pour la construction d'une classe enfantine.

Année 1895. — Secours de 1.300 francs pour le même objet.

Année 1896. — Secours de 72.000 francs pour la construction d'une mairie-écoles.

Valeur du centime en 1897. — 85 fr. 45.

Nombre de centimes. — 81 centimes dont 20 extraordinaires, non compris les 3 centimes pour frais de perception des impositions communales.

Charges par habitant. — 8 fr. 40.

Receveur municipal. — Le percepteur des contributions de Choisy-le-Roi remplit les fonctions de receveur municipal de la commune de Fresnes.

Il reçoit, à cet effet, un traitement de 531 francs.

II. — SERVICES PUBLICS

§ I. — BIENFAISANCE

Bureau de bienfaisance. — Cet établissement charitable distribue aux indigents des secours en nature : pain, viande et combustible, et leur fait donner, en cas de maladie, les soins nécessaires.

Cinq familles, représentant 11 individus, sont inscrites au Bureau de bienfaisance.

En outre, le Bureau accorde, chaque hiver, des secours à des indigents non inscrits.

Un médecin est attaché au Bureau et reçoit une indemnité annuelle de 100 francs.

D'après la dernière situation financière, les recettes se sont élevées à 2.532 fr. 15 et les dépenses à 405 fr. 60, d'où un excédent de recettes de 2.126 fr. 55.

Les revenus de l'établissement étant inférieurs à 30.000 francs, c'est le Receveur municipal qui est, de droit, trésorier du bureau; il reçoit, à cet effet, une indemnité de 24 francs.

Hospice. — Néant.

Hôpital. — Néant.

Traitement des malades dans les hôpitaux de Paris. — Les malades de la commune sont envoyés en traitement dans les hôpitaux de Paris.

Conformément aux délibérations du Conseil général, du 3 avril 1890, et du Conseil municipal, du 19 juin 1896, la commune paye un abonnement basé sur le nombre moyen de journées de traitement des trois années précédentes, à raison de 1 franc par jour et par malade.

La somme à payer, pour l'année 1896, a été de 205 francs.

Aliénés. — 3 aliénés ayant à Fresnes leur domicile de secours ont été placés, en 1896, dans divers asiles et ont donné lieu aux dépenses suivantes:

1 à	Villejuif. . .	366 jours à. . . .	2 fr. 20. . .	805,20
1 à	Sainte-Anne .	2 — à. . . .	2 fr. 80. . .	5,60
	Villejuif. . .	31 — à. . . .	2 fr. 20. . .	68,20
1 à	Sainte-Anne.	3 — à. . . .	2 fr. 80. . .	8,40
	Vaucluse . .	22 — à. . . .	2 fr. 20 . .	48.40
			Total.	935,80

Les proportions pour lesquelles les communes du département de la Seine doivent contribuer aux dépenses des aliénés ont été fixées par délibération du Conseil général, en date du 27 décembre 1886, à 20, 25, 30 et 35 °/₀ sur la dépense totale, suivant le revenu de la commune.

Fresnes contribue pour 25 °/₀ à la dépense faite par les aliénés qui sont à sa charge, ce qui donne, pour l'année 1896 :

$$\frac{935,80 \times 25}{100} = 233,95$$

Assistance à domicile. — Par délibérations en date des 18 décembre 1895 et 26 avril 1896, le Conseil général a fait inscrire au budget départemental une somme annuelle de 50.000 francs, destinée à subvenir à l'assistance à domicile des vieillards indigents, infirmes et incurables. La part contributive du département sera déterminée par l'Administration et devra correspondre au tiers de l'allocation municipale, qui, d'ailleurs, est facultative.

Les conditions d'âge sont 65 ans pour les indigents valides; elles ne sont pas applicables aux infirmes et incurables. Il faut, en outre, avoir séjourné depuis 10 ans à Paris ou dans une commune du département.

Aucune disposition n'a encore été prise par la commune.

Enfants Assistés. — L'hospice des Enfants Assistés par le département de la Seine est situé à Paris, rue Denfert-Rochereau, nᵒˢ 72 et 74; la part afférente à la commune, pour 1896, a été de 249 fr. 58.

Enfants moralement abandonnés. — Le contingent fourni par la commune, en 1896, s'est élevé à 40 francs.

Protection des enfants du 1er âge. — En 1896, les déclarations d'élevage faites par les parents, conformément à l'art. 7 de la loi du 23 décembre 1874, se résument ainsi qu'il suit :

	AU SEIN	AU BIBERON	TOTAUX
Nombre d'enfants de Fresnes mis en nourrice dans le département de la Seine (hors Paris)	1	»	1
Nombre d'enfants mis en nourrice hors du département de la Seine	»	1	1
	1	1	2

Une nourrice de la localité a fait une déclaration d'élevage d'un enfant né dans le département de la Seine.

Crèche. — Néant.

Dispensaire. — Néant.

Fourneau économique. — Néant.

Secours aux familles des réservistes. — La commune était imposée de 1 centime pour secours aux familles nécessiteuses des soldats de la réserve et de l'armée territoriale ; mais un reliquat de 600 francs se trouvant disponible, le Conseil a supprimé cette imposition pour 1897.

Propagation de la vaccine. — En exécution des prescriptions d'une circulaire préfectorale du 14 février 1894, les enfants des écoles publiques sont vaccinés et revaccinés aux frais du département, par les soins de l'Institut de vaccine animale, rue Ballu, nº 8, à Paris.

Il a été fait, en octobre 1896, 20 vaccinations.

De plus, une sage-femme vaccine, en moyenne, 15 à 20 enfants nouveau-nés, chaque année.

Caisse des écoles.— Conformément aux dispositions de l'art. 15 de la loi du 10 avril 1867, une caisse des écoles a été créée en 1882.

Situation de la Caisse des écoles en 1896:

Fonds disponibles en réserve	367 fr. 60
Recettes de 1896	150 fr. »
Total	517 fr. 60
Dépenses de 1896	177 fr. 70
En caisse	339 fr. 90

Il n'y a pas de cantine scolaire.

Bureau municipal de placements gratuits. — Néant.

Société de secours mutuels.— Néant.

§ II. — ENSEIGNEMENT

École des garçons. — Elle ne comprend qu'une classe, composée de 46 élèves et dirigée par un instituteur.

École des filles. — Elle se compose d'une classe de 36 élèves: l'institutrice est congréganiste.

École maternelle. — La classe enfantine comprend 60 enfants des deux sexes qui sont surveillés par une institutrice laïque.

Enseignement du chant, du dessin et de la gymnastique. — Les trois matières sont enseignées par l'instituteur dans son école, dans les limites du programme.

Admission dans les écoles primaires supérieures et professionnelles de la ville de Paris. — Il y a eu, pour l'année scolaire 1896-1897, un élève admis.

Dons et legs faits aux écoles. — Néant.

Bibliothèque scolaire.— La bibliothèque scolaire, commune aux deux écoles, est composée de 202 volumes.

Des prêts gratuits sont faits aux enfants des écoles et à leurs familles.

Associations philotechnique et polytechnique. — Néant.

§ III. — VOIRIE

La longueur des voies de communication qui traversent le territoire de la commune est de :

1 route nationale	2.016m, »
1 route départementale . . . . -	» m, »
1 chemin vicinal de grande communication . . .	1.519m,60
6 chemins vicinaux ordinaires.	4.202m, »
19 chemins ruraux.	9.736m, »
Voirie urbaine	200m, »
Total.	17.673m,60

Route nationale. — La route nationale *n° 186, de Versailles à Choisy-le-Roi*, traverse la commune en ligne droite, de l'Ouest à l'Est, sur une longueur de 2.016 mètres. Cette voie, presque entièrement empierrée, est dans un état assez satisfaisant et qui s'améliore sensiblement.

Les larges zones situées au delà des fossés, qui étaient inutiles pour la circulation et donnaient lieu à des empiétements de la part des riverains, ont été aliénées au profit de ces derniers dans les parties où cette opération a été autorisée.

Route départementale. — La route départementale *n° 26, de Paris à Fresnes*, n'est encore ouverte que jusqu'au chemin de grande communication n° 60, sur le territoire de la commune de l'Haÿ. Un avant-projet, actuellement soumis à l'enquête, prévoit le prolongement de cette route jusqu'à la route nationale n° 186, près des prisons de Fresnes.

Chemin vicinal de grande communication. — Le chemin vicinal de grande communication *n° 67, de Châtenay à Fresnes* (anciens chemins de grande communication n°s 67 et 36 — sur Fresnes —), traverse le territoire de cette commune sur une étendue de $1.519^{m},60$.

De la route nationale n° 20 à l'entrée de la traverse de Fresnes, le chemin a une largeur de 15 mètres et comprend une chaussée empierrée avec caniveaux, bordée par des trottoirs plantés ; la largeur de cette chaussée est de $7^{m},50$ entre la route nationale n° 20 et la Bièvre et de 6 mètres au delà.

Dans la traverse de Fresnes, la chaussée est pavée et a une largeur variant de 5 à 6 mètres.

Le pavage et l'empierrement sont en bon état.

Un égout a été construit récemment sous le chemin, dans la traverse de Fresnes.

Chemins vicinaux ordinaires. — Le tableau suivant donne la situation du réseau vicinal ordinaire de la commune de Fresnes, ainsi que des renseignements sur les travaux exécutés :

NUMÉROS	DÉSIGNATION DES CHEMINS	LONGUEUR	ORIGINE	FIN	LARGEUR moyenne TOTALE	CHAUSSÉE	CHAUSSÉE NATURE	ÉTAT	OBSERVATIONS
		m.							
1	DE LA FAISANDERIE	465	Chemin de grande communication n° 67.	Route nat^le n° 186.	8^m	5,45	Pavée	assez bon	
2	DU LOUP OU DE LA RUE	850	Route nat^le n° 186.	Territ. de Chevilly et l'Haÿ.	12	5	Empierrée	id.	
3	DE WISSOUS......	225	Chemin vicinal ordinaire n° 6.	Limite du département	8	3	Terre	néant	
4	DE RUNGIS........	950	Chemin de grande communication n° 67.	Territ. de Rungis.	8	4	Empierrée	bon	
5	DE L'HAŸ OU DU CHALET.........	805	Route nat^le n° 186.	Territ. de de l'Haÿ.	8	4	id.	assez bon	
6	DE WISSOUS PAR MONTJEAN.......	907	Chemin de grande communication n° 67.	Territ. de Rungis.	8	5 3	Pavée Terre	bon id.	Pavé sur 207^m Sol naturel sur 700 mètres.
	TOTAL......	4.202							

Longueur totale à entretenir par la commune de Fresnes 3.277^m
Longueur à construire 925

Total pareil . . . . . 4.202^m

Les dépenses relatives à l'entretien se sont élevées, en 1896, à 2.754 fr. 37 (Le département a alloué une subvention de 2.930 francs).

Travaux neufs sur chemins vicinaux ordinaires { Travaux faits dans l'année et dépenses correspondantes } Néant.
Projets en préparation, néant.

Chemins ruraux.— Les chemins ruraux sont au nombre de 19 ; leur étendue est de 9.736 mètres ; leur énumération ne présente aucun intérêt.

Route militaire. — Néant.

Voirie urbaine. — Les rues de la commune sont au nombre de 8 ; une seule fait partie de la voirie urbaine [1] ; les autres font partie de chemins vicinaux ou de chemins ruraux.

Voirie urbaine	Travaux faits dans l'année et dépenses correspondantes.	Néant.
	Projets en préparation.	

Prestations. — Par suite de l'insuffisance des ressources ordinaires de la commune applicables à l'entretien des chemins vicinaux, le Conseil municipal vote, chaque année, 3 journées de prestations en nature dont la valeur en argent est appréciée par le Conseil d'arrondissement et le Conseil général.

Le rôle de l'année 1897 comporte 154 articles imposés, se décomposant ainsi qu'il suit :

546 journées d'homme à 2 francs	1.092 fr. »
234 journées de cheval à 2 fr. 25	526 fr. 50
6 journées d'âne à 0 fr. 75	4 fr. 50
126 journées de voiture à 2 fr. 25	283 fr. 50

Sur ce nombre de journées sont faites en nature :

123 journées d'homme ;
186 journées de cheval ;
6 journées d'âne ;
13 journées de voiture.

Entretien des rues et des chemins ruraux. — L'entretien des rues de la commune et des chemins ruraux se fait sous la direction de l'agent voyer cantonal. Il n'y a pas de cantonnier.

Un cantonnier spécial est chargé de l'entretien des chemins vicinaux.

1. A l'entrée de Fresnes en venant d'Antony, sur la maison portant le n° 1 de la Grande-Rue, est encastrée dans une niche une très ancienne statue de la Vierge, portant l'Enfant Jésus dans ses bras. Ce travail paraît remonter au XVIe siècle.

Balayage.— L'entretien des rues est fait par une balayeuse, deux fois par semaine, du 1er avril au 31 octobre; une fois, du 1er novembre au 31 mars.

Le garde champêtre annonce, à son de caisse, jadis avec une sonnette, le balayage des rues, aux dates indiquées ci-dessus.

Chaque particulier ou propriétaire nettoie le devant de son habitation. Personne, de mémoire d'homme, n'a fait d'objection.

Droits de voirie. — Les droits de voirie ont rapporté, en 1896, 163 fr. 50 (Voir aux annexes).

Ponts. — Deux ponceaux sur la route d'Antony à Fresnes;

Deux ponceaux sur la route de Versailles.

Rus. — Il a été fait mention, à l'article « Hydrographie », des divers rus qui arrosent le territoire de la commune.

Le curage de la Bièvre et de ses affluents figure au budget et est payé par les riverains. Il est fait tous les ans par un adjudicataire.

Port.— Néant.

Égout. — Un égout, fait en 1895, existe sous la grande rue de Fresnes (chemin vicinal de grande communication n° 67) dans toute la traverse du pays (100 mètres environ).

Distance de Paris. — La distance de Paris (parvis Notre-Dame) à Fresnes (Mairie) est de 14 kilomètres, en suivant les routes nationales nos 2 et 186.

Distance du chef-lieu de canton. — Fresnes est à 6 kilomètres 200 mètres de Villejuif.

Distance des autres communes du canton :

Rungis est à 2 kilomètres 900 mètres.

Chevilly est à 3 kilomètres 700 mètres.

L'Haÿ est à 4 kilomètres 800 mètres.

Arcueil est à 6 kilomètres 600 mètres.

Gentilly est à 10 kilomètres 500 mètres.

Moyens de transport. — On se rend à Fresnes par le chemin de fer d'Orléans, ligne de Paris à Orsay et à Limours (halte de Berny) et par le chemin de fer sur route de Paris (Odéon) à Arpajon (halte de la Croix-de-Berny).

Ces deux stations se trouvent sur le territoire d'Antony.

Billets d'ouvriers. — Voir la notice sur Antony, p. 58.

Omnibus. — Un omnibus part de la halte de Berny pour Fresnes et Rungis. En semaine, il dessert trois trains montants et trois trains descendants et, le dimanche, quatre trains dans chaque sens.

Le prix est de 0 fr. 25 de Berny à Fresnes, et de 0 fr. 40 de la station du tramway (Croix-de-Berny).

Un service supplémentaire est fait par le voiturier selon les besoins du service.

Eaux. — La Compagnie générale des Eaux, dont le siège social est à Paris, rue d'Anjou, n° 52, a passé, le 31 décembre 1872, un traité avec la commune, en vertu d'une délibération du 29 septembre de la même année, approuvée par arrêté préfectoral du 9 avril 1873, et d'une durée de 75 ans à dater de ce jour.

Les concessions sont faites suivant les prix du tarif suivant:

Fourniture journalière	250	litres	Prix de l'abonnement	50	fr.
—	500	—	—	90	»
—	750	—	—	120	»
—	1.000	—	—	150	»
—	1.250	—	—	180	»
—	1.500	—	—	200	»

et, pour toutes quantités excédant 1.500 litres, à raison de 80 francs le mètre cube ou les 1.000 litres.

Il existe 2 bornes-fontaines et 6 bouches d'eau.

Il est fait à la commune une fourniture gratuite de 4.000 litres, par deux bouches d'eau, pour le lavage des ruisseaux.

Si les besoins de la commune augmentaient, elle bénéficierait d'une réduction de 50 °/o jusqu'à concurrence de la fourniture de 1.500 litres supplémentaires; au-dessus de cette quantité, elle payerait 55 francs les 1.000 litres.

Éclairage au gaz. — La commune n'est pas éclairée. La Compagnie du gaz d'Antony a un branchement jusqu'à Berny. La municipalité étudie en ce moment un projet d'éclairage à l'électricité.

§ IV. — JUSTICE ET POLICE

Justice de Paix. — La commune de Fresnes dépend de la Justice de Paix de Villejuif.

Les audiences de conciliation ont lieu le mardi et les audiences publiques le vendredi, de midi à 4 heures.

Offices ministériels.— Il n'y a pas d'officiers ministériels dans la commune; il y a un notaire à Bourg-la-Reine et un autre à Sceaux; mais celui de Choisy-le-Roi a seul le droit d'instrumenter. L'huissier est à Villejuif (6 kilom. 200 mètres).

Commissariat et agents de police. — Fresnes relève du Commissariat de police de Choisy-le-Roi. Un agent de police de ce commissariat se rend chaque jour dans la commune.

Gendarmerie. — Il n'y a pas de gendarmerie à Fresnes; la sécurité est assurée par la brigade de la Belle-Épine.

Garde champêtre. — Il n'y a dans la commune qu'un garde champêtre, en même temps appariteur.

Messiers. — Néant.

§ V. — CULTES

Paroisse. — La paroisse de Fresnes constitue une succursale, dont le desservant reçoit une indemnité de 900 francs par an.

La commune lui a voté, en 1896, un supplément de traitement de 300 francs.

Budget de la fabrique. — Les recettes du budget de la fabrique s'élèvent à 1.000 francs environ.

Fondations. — Néant.

Congrégations.— 9 sœurs de la congrégation de Saint-Vincent-de-Paul tiennent un pensionnat-orphelinat avec 60 élèves.

§ VI. — SERVICES DIVERS

Poste, télégraphe, téléphone. — La recette des postes a été créée en 1886. Les bureaux, installés dans l'aile gauche du bâtiment de la mairie, sont ouverts en semaine de 7 heures à midi et de 2 heures à 7 heures du soir, en été; l'hiver, à 8 heures; le dimanche, de 7 heures à 10 heures et de midi à 3 heures.

Le service est fait par une receveuse et une aide.

Il y a un facteur pour Fresnes, Rungis et Montjean, et, en outre, un facteur auxiliaire pour Berny et les prisons de Fresnes.

Il y a une boîte au bureau de Fresnes, une à Berny, une à Rungis.

Deux distributions sont faites par jour, sauf le dimanche, où il n'y en a qu'une.

Le télégraphe fonctionne au bureau de poste.

Il n'existe pas de cabine téléphonique.

Caisse nationale d'épargne (postale). — Il a été délivré, en 1896, 56 livrets pour une somme de 7.961 francs.

Sapeurs-pompiers. — La subdivision des sapeurs-pompiers de Fresnes est composée de 22 hommes, commandés par un officier et 2 sous-officiers.

Ils sont exonérés des prestations. Les tambours et clairons reçoivent en outre une solde de 20 francs.

Le Conseil municipal a voté en 1896 :

Solde des tambours et clairons	60 fr.	»
Habillement et équipement	88 fr.	60
Entretien des pompiers et accessoires.	44 fr.	70
Subvention à la Caisse de secours	150 fr.	»

Le Conseil municipal a voté, le 17 février 1897, une somme de 600 francs pour la réorganisation de la subdivision des sapeurs-pompiers.

Le matériel de secours, composé de deux pompes et d'un dévidoir, est remisé dans les sous-sols de la mairie.

Marché. — Néant.

Pompes funèbres. — Néant.

Bureaux de tabac. — Un seul bureau de tabac au n° 15 de la Grande-Rue.

Bibliothèque municipale. — La bibliothèque municipale publique de prêts gratuits à domicile a été fondée en 1881.

Elle est installée dans une salle de la mairie et est placée sous la direction du secrétaire.

Elle est ouverte au public tous les jours, sans heure fixe, à la volonté des lecteurs.

697 volumes sont mis à la disposition des lecteurs qui sont au nombre de 114.

Archives de la commune — Les archives de la commune se composent des registres paroissiaux, depuis le 13 juillet 1584, tous cartonnés et en bon état;

Des registres des délibérations du Conseil municipal de 1790, puis de l'an II, puis enfin de l'an VIII jusqu'à 1897, sans interruption;

De quelques pièces isolées antérieures à 1789, dont une du XVIe siècle;

De différents dossiers relatifs aux affaires communales, tous modernes.

§ VII. — PERSONNEL COMMUNAL

NOMBRE	EMPLOI	TRAITEMENT
1	Médecin de l'état civil et du bureau de bienfaisance......	150 —
1	Secrétaire de la mairie (emploi occupé par l'instituteur).	1.000 —
1	Receveur municipal (emploi occupé par le percepteur de Choisy-le-Roi)......	531 —
1	Garde champêtre (appariteur, agent voyer communal, tambour-afficheur, remontage de l'horloge)......	1.010 —
1	Cantonnier communal......	1.200 —
1	Fossoyeur......	80 —

III. — RENSEIGNEMENTS DIVERS

Fêtes locales et foires. — La fête communale a lieu du deuxième au troisième dimanche de juin; elle se tient sur la place de la mairie. En dehors de la fête communale, on célèbre, le 1er décembre, l'ancienne fête patronale de Saint-Eloi. Ce jour-là, les cultivateurs et les ouvriers chôment. Un pain bénit est offert, à tour de rôle, par tous les cultivateurs. Après la messe solennelle, on se rend en corps chez celui qui a offert le pain bénit, où a lieu un banquet, puis c'est ensuite chez le cultivateur désigné pour rendre le pain bénit l'année suivante; il reçoit un gâteau, *le chanteau*, et son acceptation équivaut à un engagement pour l'an prochain.

Courses de chevaux. — Les steeple-chases, dits de la Croix-de-Berny, qui eurent une si grande vogue vers 1840, avaient lieu en grande partie sur le territoire de Fresnes. La piste, à travers champs, était presque tout entière sur ce pays. Un pavillon, élevé sous Louis-Philippe et portant une inscription indiquant la réorganisation du champ de courses, existait encore il y a quelques années dans la propriété dite du Haras de Berny dont le locataire, M. Guillermain, abandonnait entièrement la maison à la Société des courses de Berny le jour de la réunion.

Principales industries. — Une fabrique de tuiles, occupant 40 ouvriers; une usine de lavage de poils et bourres, occupant 10 ouvriers; une fabrique de ciment, occupant 10 ouvriers.

Il existait autrefois des glacières qui ne sont plus exploitées; la glace était tirée de pièces d'eau faisant partie de l'ancien château de Tourvoie, appartenant aujourd'hui à Mme veuve Muret, née Darblay. Le peu de rigueur des hivers précédents a empêché la formation de la glace.

Deux carrières de glaise sont en pleine activité, elles fournissent une briqueterie d'Ivry et une de Choisy-le-Roi.

Commerce et productions du pays.— Les habitants s'occupent de grande culture ; les céréales et les pommes de terre constituent les principales denrées de vente.

Le tableau suivant donne un aperçu des principaux genres de culture :

TERRITOIRE			CULTURES LABOURABLES				CULTURES FOURRAGÈRES				CULTURES industrielles	ARBORICULTURE	HORTICULTURE		VITICULTURE	SUPERFICIE NON CULTIVÉE
Superficie totale	Agricole	Non agricole	Froment	Seigle	Avoine	Pommes de terre	Betteraves	Diverses	Luzerne	Foin	Pommes de terre pour féculeries		de rapport	de plaisance		
351	311	40	85	5	75	58	7	4	23	30	15	»	»	8	1	»
			223				64				15	»	8		1	»
			311 hectares													

Rendement moyen par hectare ensemencé :

Froment	27 hectolitres
Avoine	55 —
Pommes de terre. .	155 quintaux
Betteraves . .	700 —
Vignes	» hectolitres

Fresnes possède aussi une spécialité gastronomique, les grenouilles, d'où vient le surnom de « grenouilleux de Fresnes », donné souvent aux habitants du pays, et, s'il faut en croire une tradition locale, beaucoup de sociétés joyeuses se donnaient rendez-vous à Fresnes pour y déguster le plat local, aux mois de mars, avril et mai.

Écoles libres. — Un pensionnat-orphelinat, avec ouvroir et buanderie, dirigée par les sœurs de Saint-Vincent de Paul; il comprend environ 60 élèves et 9 maîtresses.

Établissements privés de Bienfaisance. — Néant.

Sociétés diverses. — Une société de membres honoraires de

sapeurs-pompiers compte 60 membres, qui payent une cotisation de 6 francs par an.

Médecins. — A Antony.

Pharmaciens. — Le plus proche est celui d'Antony; mais deux pharmaciens de Bourg-la-Reine viennent chaque jour, en voiture, prendre les ordonnances des médecins.

Vétérinaire et sage-femme. — A Antony.

Prisons. — En exécution de la loi du 5 juin 1875, prescrivant l'application du régime cellulaire aux prisons départementales, le Conseil général de la Seine a décidé la reconstruction ou la transformation de toutes ses prisons.

Une Commission fut nommée et aboutit à la présentation d'un devis de 25 millions; l'élévation de la somme fit ajourner l'affaire jusqu'en 1882, puis en 1885, où le chiffre nécessaire ne fut pas sensiblement moins élevé. En 1890, on décida de procéder par modifications successives.

C'est ainsi que le projet, soutenu avec énergie par M. Louis Lucipia, a reçu un commencement d'exécution par la construction de la maison d'éducation de Montesson, destinée à remplacer la Petite-Roquette et inaugurée en 1897.

Pour tenir lieu de Mazas, de Sainte-Pélagie et de la Grande-Roquette, le Conseil général vota, dans sa séance du 20 décembre 1892, l'acquisition à Fresnes-les-Rungis, à 12 kilomètres de Paris (Notre-Dame), en bordure de la route nationale n° 186, de Versailles à Choisy-le-Roi, au lieu dit « la vallée Renard », moyennant le prix de 160.000 francs, d'un terrain où devaient être construits un groupe de prisons cellulaires, le dépôt des condamnés et l'infirmerie centrale des prisons de la Seine.

Le projet définitif de l'opération, dressé par M. Henri Poussin, architecte, dans la limite d'une dépense de 10.600.000 francs, après rabais, a été approuvé, le 27 décembre 1894, par le Conseil général de la Seine, après avoir été adopté par le Ministre de l'Intérieur, sur l'avis conforme du Conseil supérieur des prisons.

La superficie totale du terrain, en y comprenant des acquisitions postérieures, est de 19 hectares, 78 ares, 63 centiares.

Le prix d'achat, en y comprenant les 160.000 francs cités plus haut a été, frais d'expropriation et honoraires compris, de 174.669 fr. 95.

Un avenue bordée d'arbres conduira à l'entrée principale de l'établissement.

Les prisons comprendront :

1° Un groupe central renfermant, outre les services généraux communs à l'ensemble des groupes, des bâtiments cellulaires pour 1.500 condamnés à de courtes peines, un quartier de désencombrement, un quartier de punitions et une chapelle-école ;

2° Un quartier d'isolement de 150 cellules, avec entrée spéciale, parloirs, bains et murs de ronde pour les condamnés à plus d'un an de prison, les reclusionnaires et les condamnés aux travaux forcés attendant leur transfèrement.

3° L'infirmerie centrale des services de la Seine, véritable hôpital avec 100 chambres-cellules.

4° Des logements pour les fonctionnaires et le personnel de tout ordre, pour la construction desquels un crédit supplémentaire de 850.000 francs a été voté.

Les prisons sont construites en bâtiments parallèles et à 5 étages, alimentés d'eau potable par de l'eau de Seine, provenant de l'usine de la Compagnie des Eaux, située à Choisy-le-Roi, et préalablement filtrée et stérilisée ; l'établissement sera éclairé à l'électricité.

Les prisons seront desservies par un raccordement, au moyen de tramways cellulaires, avec le chemin de fer sur route de Paris à Arpajon (halte de la Croix-de-Berny).

C'est à cette station, ou à celle de Choisy-le-Roi (ligne d'Orléans), distante de 9 kilomètres, que seront conduits en voitures cellulaires les condamnés à diriger sur les maisons centrales ou l'ile de Ré.

L'opération, déjà très avancée au moment ou nous écrivons ces lignes, sera complètement terminée en 1900.

Cette création a donné à la commune de Fresnes un surcroît de population qui deviendra de plus en plus considérable, et en vue de laquelle ont été exécutés à la mairie les grands travaux dont il a été question au § Domaine.

Aqueduc. — L'aqueduc de Rungis traverse la commune du sud-ouest au nord-est; le tracé en est indiqué par des bornes. Un regard monumental, construction massive et trapue, mais non sans caractère, du temps de Louis XIII, se trouve en plein champ, à égale distance de Fresnes et de Rungis.

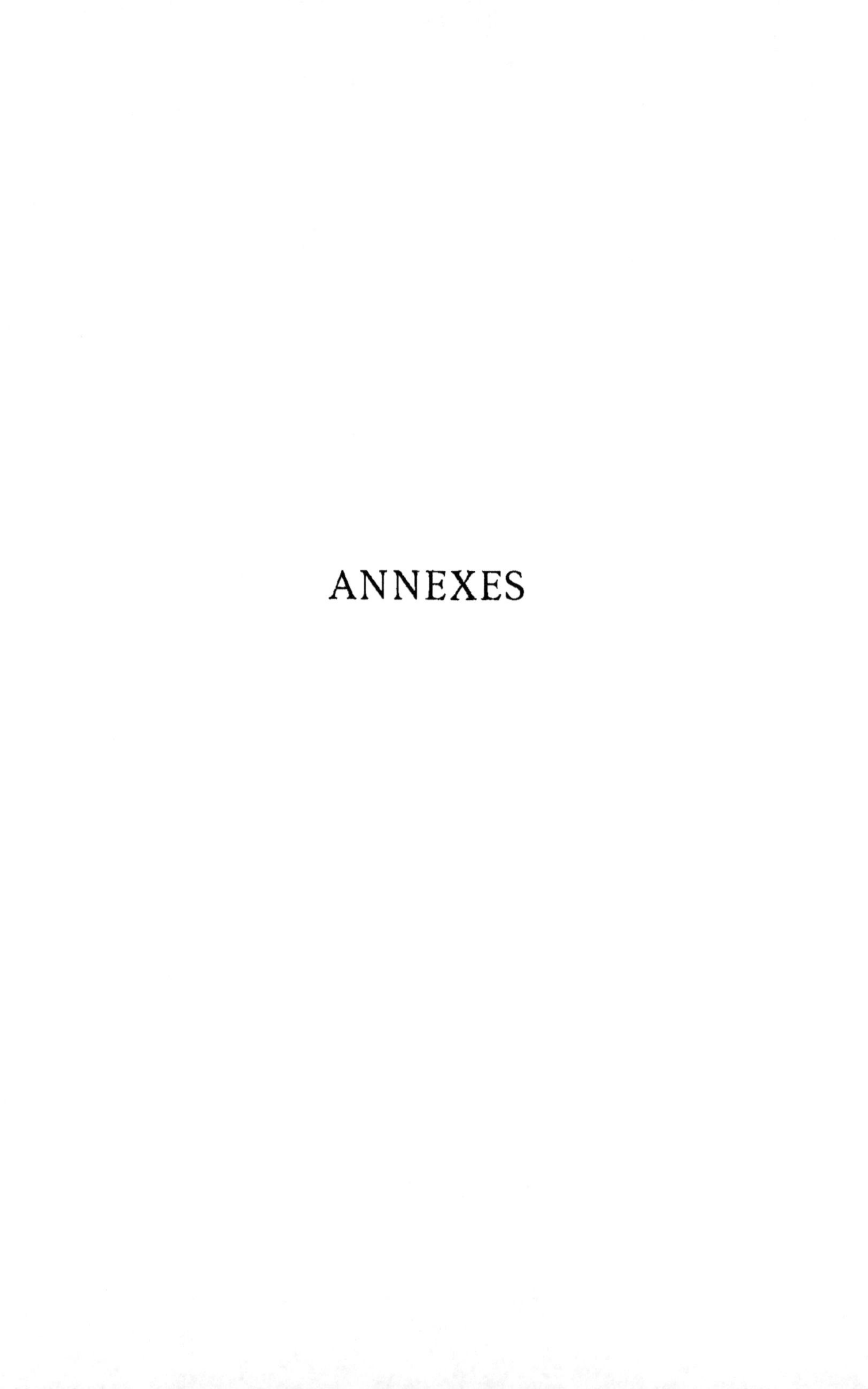

ANNEXES

CONSEIL MUNICIPAL (1897)

(Effectif légal : 12 membres).

MM. DAIX, Auguste-Philippe, maire.

BOULOGNE, Henri-Léonard, adjoint.

DORÉ, Auguste-Isidore, conseiller.

LEBOURLIER, Charles, conseiller.

RAVENEAU, Jean-Ernest, conseiller.

DOUBLIEZ, Pierre-Joseph, conseiller.

MM. CHEVÉ, Eugène-Gustave, conseiller.

CHAILLIOUX, Julien-Louis conseiller.

CADIER, Auguste-Honoré, conseiller.

ROBERT, Alexandre, conseiller.

HARDY, Michel-Honoré, conseiller.

HAUTEFEUILLE, Paul-Eugène, conseiller.

TARIF DES CONCESSIONS

DANS

LE CIMETIÈRE

Par délibération du 8 novembre 1857, approuvée le 27 avril 1858, le tarif des concessions a été fixé ainsi qu'il suit :

Concessions perpétuelles (1 mètre sur 2). . .	120 fr.
Concessions trentenaires (1 mètre sur 2). . .	90 fr.
Concessions de dix ans (1 mètre sur 2).	45 fr.

Il n'est pas fait de concessions spéciales pour enfants.

Le cimetière est toujours fermé, mais le fossoyeur, ainsi que chaque propriétaire de concession, en possède une clef.

DROITS DE SÉJOUR DANS LE CAVEAU PROVISOIRE

1re période	de 1 à 10 jours.	10 francs
2e —	de 10 jours à volonté. . .	1 fr. par jour.

TARIF DES DROITS DE VOIRIE

(Délibération du 16 février 1873, approuvée le 27 mai suivant)

---

§ I. CONSTRUCTIONS NEUVES

Alignement de bâtiment en maçonnerie, par mètre de longueur.	2 fr. 50
Alignement en pan de bois, par mètre de longueur. .	4 fr. »
— de mur de clôture, par mètre de longueur	0 fr. 50

§ II. CONSTRUCTIONS EN SAILLIE

Saillies fixes

Grand balcon, par mètre de longueur.	5 fr. »
Petit balcon, droit fixe	1 fr. 50
Perron, droit fixe.	2 fr. »
Colonne ou pilastre, droit fixe	2 fr. »
Borne engagée ou isolée, droit fixe.	0 fr. 50

Saillies mobiles

Auvent de porte (dite marquise) droit fixe.	20 fr. »
— de boutique, par mètre de longueur	1 fr. »
Croisées avec volets, persiennes ou barreaux en saillie, droit fixe.	0 fr. 70
Tableau, enseigne, lanterne, droit fixe.	3 fr. »
Devanture de boutique, droit fixe	6 fr. »

§ III. TRAVAUX OU RÉPARATIONS

Reconstruction partielle du mur de façade d'un bâtiment, droit fixe	3 fr. »
Ouverture d'une croisée	2 fr. »
— d'une porte bâtarde	3 fr. »
— d'une porte cochère ou grille	10 fr. »
— d'une baie de boutique, par mètre de longueur	2 fr. »
Ravalement partiel ou général :	
de la façade d'une maison, par mètre de longueur	0 fr. 25
d'un mur de clôture, par mètre de longueur	0 fr. 10
Revêtissement en dalles, par mètre de longueur	0 fr. 50
Colonne en fer ou poteau, droit fixe	3 fr. »

§ IV. DROITS DIVERS

Barrière devant des travaux, droit fixe	1 fr. »
Étai, chevalement, contre-fiche, droit fixe	3 fr. »
Dépôt, sur la voie publique, de matériaux de construction ou de démolition, par mètre superficiel et par mois	0 fr. 20

On ne pourra taxer moins d'un mètre ni compter moins d'un mois.

TABLE

COMPOSÉ, IMPRIMÉ ET BROCHÉ
PAR LES PUPILLES DU DÉPARTEMENT DE LA SEINE,
ÉLÈVES DE L'ÉCOLE D'ALEMBERT
A MONTÉVRAIN

COMPARAISON

DE LA

POPULATION

ET DES

RECETTES ORDINAIRES

Relevées aux époques de Recensement

(1801 à 1896)

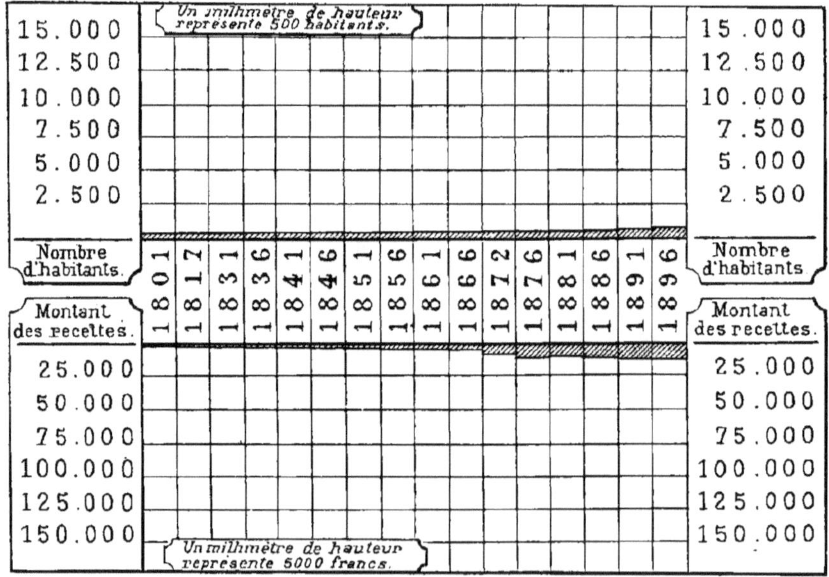

EN DÉPOT

A LA PRÉFECTURE DE LA SEINE

DIRECTION DES AFFAIRES DÉPARTEMENTALES

BUREAU DES COMMUNES

(Annexe Est de l'Hôtel de Ville)

FRESNES

COMM^ne DE SCEAUX — C^ne D'ANTONY — COMM^ne DE L'HAY — COMM^ne DE CHEVILLY

la Croix de Berny

ANTONY

FRESNES

RUNGIS

le Petit Antony

SIGNES CONVENTIONNELS

COMM^ne D'ANTONY — DEPART^t DE SEINE-ET-OISE — COMM^ne DE RUNGIS

Echelle

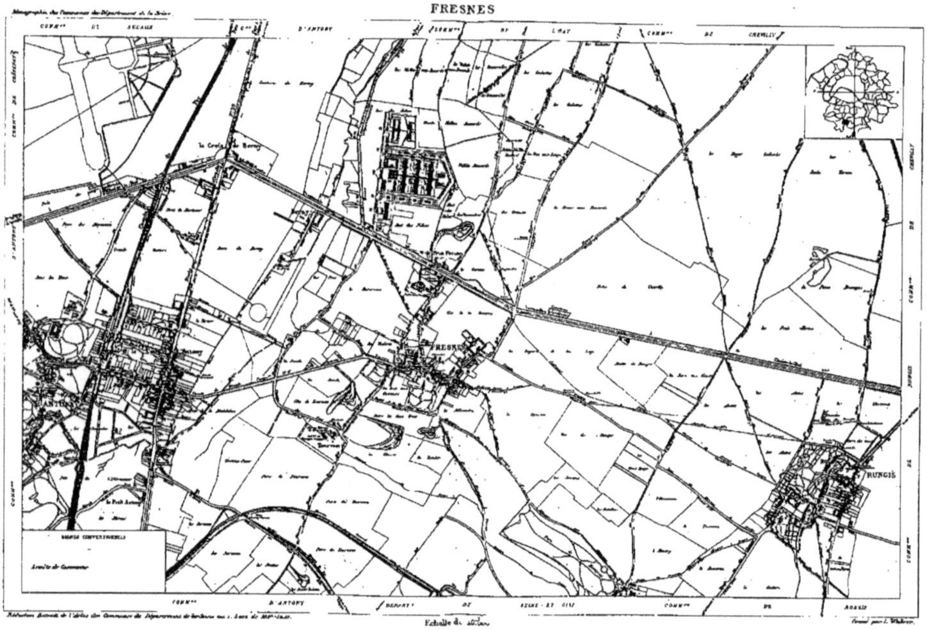

Monographie des Communes du Département de la Seine.

FRESNES

Limites actuelles de la Commune reportées sur la Carte dite des Chasses (1764-1773).

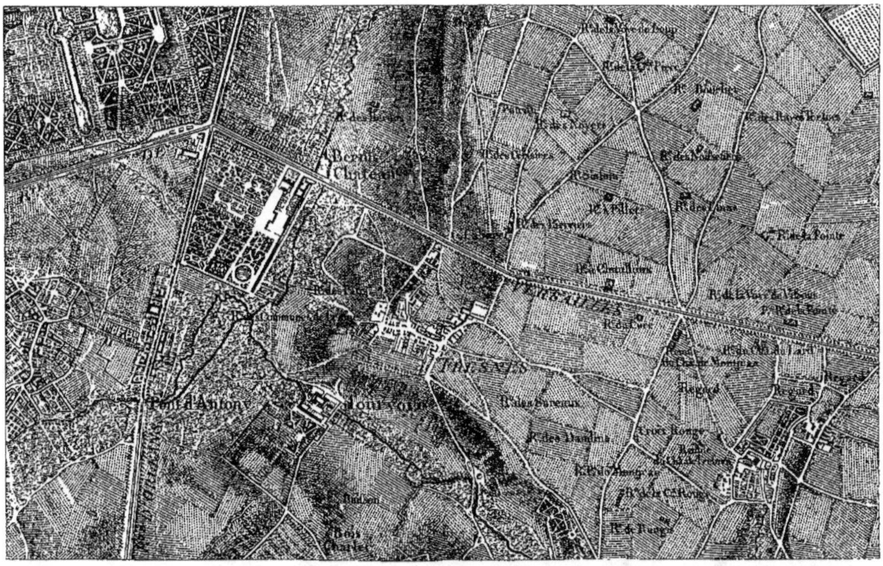

Echelle de 1/16200

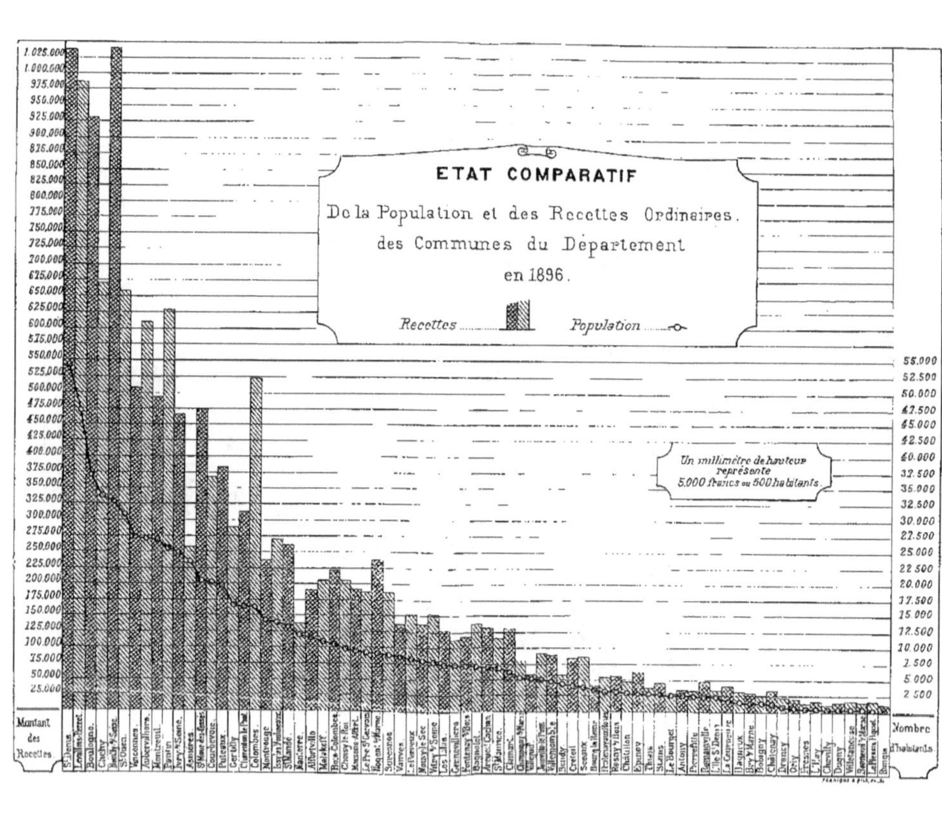

ETAT COMPARATIF
De la Population et des Recettes Ordinaires.
des Communes du Département
en 1896.
Recettes
Population
Un millimètre de hauteur représente 5.000 francs ou 500 habitants.
1.025.000
1.000.000
975.000
950.000
925.000
900.000
875.000
850.000
825.000
800.000
775.000
750.000
725.000
700.000
675.000
650.000
625.000
600.000
575.000
550.000
525.000
500.000
475.000
450.000
425.000
400.000
375.000
350.000
325.000
300.000
275.000
250.000
225.000
200.000
175.000
150.000
125.000
100.000
75.000
50.000
25.000
Montant des Recettes.
55.000
52.500
50.000
47.500
45.000
42.500
40.000
32.500
35.000
32.500
30.000
22.500
25.000
22.500
20.000
17.500
15.000
12.500
10.000
7.500
5.000
2.500
Nombre d'habitants.
St Denis.
Levallois-Perret.
Boulogne.
Clichy
Neuilly s/ Seine.
St Ouen.
Vincennes.
Aubervilliers.
Montreuil.
Pantin
Ivry s/ Seine.
Asnières.
St Maur des Fossés
Courbevoie.
Puteaux.
Gentilly
Charenton le Pont
Colombes.
Montrouge
Issy les Moulineaux
St Mandé.
Nanterre.
Alfortville
Malakoff.
Bois-Colombes.
Choisy le Roi
Maisons Alfort.
Le Pré St Gervais
Nogent s/ Marne
Suresnes
Vanves.
Le Perreux
Noisy le Sec
Vitry s/ Seine
Les Lilas.
Gennevilliers
Fontenay s/ Bois
Bagnolet.
Arcueil Cachan
St Maurice.
Clamart.
Champigny s/ Marne
Villejuif.
Joinville le Pont
Villemomble
Bondy.
Créteil
Sceaux
Bourg la Reine
Rosny s/ Bois
Châtillon
Epinay
Thiais
Stains
Le Bourget
Antony
Pierrefitte
Romainville
L'Ile St Denis
La Courneuve
Bagneux
Bry s/ Marne.
Bobigny
Châtenay
Drancy
Orly
Fresnes
L'Hay
Chevilly
Dugny
Villetaneuse
Bonneuil s/ Marne
Le Plessis Piquet
Rungis

www.ingramcontent.com/pod-product-compliance
Lightning Source LLC
LaVergne TN
LVHW020450230826
846091LV00004B/1628

9782013596312